A Ferrovia nos Países Lusófonos

A Ferrovia nos Países Lusófonos

2022

Anabela Silva
Duarte Valido Viegas
Guilherme W. d'Oliveira Martins
Ilvio Pacol Mango
Miraldina de Carvalho Ribeira
Paulo Pimenta
Renato Guerra de Almeida
Suheil Salem

ALMEDINA

A FERROVIA NOS PAÍSES LUSÓFONOS
AUTORES
Anabela Silva, Duarte Valido Viegas, Guilherme W. d'Oliveira Martins, Ilvio Pacol Mango, Miraldina de Carvalho Ribeira, Paulo Pimenta, Renato Guerra de Almeida, Suheil Salem

EDITOR
EDIÇÕES ALMEDINA, S.A.
Rua Fernandes Tomás, nºs 76, 78 e 80
3000-167 Coimbra
Tel.: 239 851 904 · Fax: 239 851 901
www.almedina.net · editora@almedina.net
DESIGN DE CAPA
FBA.
PRÉ-IMPRESSÃO
EDIÇÕES ALMEDINA, S.A.
IMPRESSÃO E ACABAMENTO

Março, 2022
DEPÓSITO LEGAL
....

ALMEDINA | GRUPOALMEDINA

Biblioteca Nacional de Portugal – Catalogação na Publicação

CAMPOS, Sara Rodrigues

A ferrovia nos países lusófonos : dissemelhança na produção de prova no direito processual?. – 1ª ed. – (Miranda alliance)
ISBN 978-989-40-0302-1

CDU 34

LISTAGEM DE ABREVIATURAS, SINAIS E SÍMBOLOS

cfr.	confrontar
ed.	edição
hab	habitantes
km	quilómetro
km/h	quilómetro/hora
m	metro
mm	milímetro
mwh	megawatt/hora
ob. cit.	obra citada
pp.	páginas
ss.	e seguintes
v.	ver
v.g.	por exemplo
vol.	volume
wh	watt/hora

ACRÓNIMOS E SIGLAS

AAR	Association of America Railroads
AFE	Agência Ferroviária Europeia
AFUE	Agência Ferroviária da União Europeia
ANTT	Agência Nacional dos Transportes Terrestres
APAC	Associação Portuguesa de Acreditação
ASME	American Society of Mechanical Engineers
ASTM	American Society for Testing and Materials
AT	Autoridade Tributária e Aduaneira
CDN	Corredor de Desenvolvimento do Norte, SA
CFB	Caminho de Ferro de Benguela
CFL	Caminho de Ferro de Luanda
CFM	Caminho de Ferro de Mossâmedes
CFM	Caminhos de Ferro de Moçambique
CIM	Contrato de Transporte Internacional Ferroviário de Mercadorias
COTIF	Convenção relativa aos Transportes Internacionais Ferroviários
CP	Comboios de Portugal, E.P.E.
CPA	Código do Procedimento Administrativo
CRP	Constituição da República Portuguesa

DNTR	Direcção Nacional dos Transportes Terrestres
EMEF	Empresa de Manutenção de Equipamento Ferroviário, S.A.
EP	Estradas de Portugal, S.A.
ERTMS	European Railway Traffic Management System
FERTAGUS	FERTAGUS-Travessia do Tejo Transportes, S.A.
FMI	Fundo Monetário Internacional
GI	Gestores das Infraestruturas
GIF	Gestor da Infraestrutura Ferroviária
IMT	Instituto da Mobilidade e dos Transportes, I.P.
INCFA	Instituto Nacional dos Caminhos de Ferro de Angola
INNOQ	Instituto Nacional de Normalização e Qualidade de Moçambique
IP	Infraestruturas de Portugal, S.A.
LBSTT	Lei de Bases do Sistema de Transportes Terrestres
MVA	Máquinas de Venda Automática
OCS	Objetivos Comuns de Segurança
OF	Operadores Ferroviários
OI	Operador Interno
OIN	Operador Interno Nacional
OSP	Obrigações de Serviço Público
OTIF	Organização Intergovernamental para os Transportes Internacionais Ferroviários
PAE	Plano de Ajustamento Estrutural
PMR	Pessoas com Mobilidade Reduzida
REFER	Rede Ferroviária Nacional, E.P.E
RePCF	Regulamento para a Exploração e Polícia dos Caminhos de Ferro
RFN	Rede Ferroviária Nacional

RID	Regulamento relativo ao Transporte Internacional Ferroviário de Mercadorias Perigosas
RJBPF	Regime Jurídico dos Bens do Domínio Público Ferroviário
RJSPTP	Regime Jurídico do Serviço Público de Transporte de Passageiros
RTE-T	Regulamento da Rede Transeuropeia de Transportes
SADC	Comunidade de Desenvolvimento da África Austral
SAE	Society of Automotive Engineers
SGQ	Sistema de Gestão da Qualidade
TTTFP	Programa de Facilitação de Trânsito e Transporte Tripartido
UEE	Unidades Económicas Estatais
UIC	Union Internacionale des Chemins de Fer

ÍNDICE

PREFÁCIO

Com um passado e uma origem comum, a ferrovia deve muito ao esforço empreendedor dos ingleses no século XIX. Na verdade, a circulação ferroviária foi criada pelo engenheiro inglês Richard Trevithick no século XIX sendo que, no entanto, os primeiros vagões eram levados por cavalos. A primeira locomotiva da História pesava 10 toneladas, puxava cinco vagões e carregava 70 passageiros. O primeiro trecho de ferrovia foi criado em 27 de setembro de 1825, na Inglaterra; a partir daí, este meio de transporte espalhou-se por todo o mundo.

Integrada nesta revolução, a rede portuguesa, não só em Portugal continental, mas também em Angola e Moçambique, proliferou muito graças ao esforço privado e empresarial inglês, dentro de um quadro de avanços e recuos de uma política Fontista, depois de três décadas de hesitações e de construção ferroviária tímida, enveredou-se decididamente na construção de caminhos de ferro na década de 1880. Neste período, a rede nacional conheceu o maior crescimento da sua História (passada e futura) e chegou inclusivamente aos territórios de expressão portuguesa. Ora, a reunião destas condições levou, pois, a uma animada década de 1880, durante a qual se registou o maior crescimento de sempre da rede. Foram quase 900 km, que ultrapassam o milhar, se incluirmos os troços inaugurados no denominado ultramar.

O passado glorioso da construção ferroviária contrasta com a realidade de hoje – com uma rede lusófona muito centrada nas glórias do passado, mas que teima em ressurgir e traçar novos horizontes.

É curioso salientar que este texto coincide com o termo do Ano Europeu do Transporte Ferroviário (2021), que procurou destacar o papel da ferrovia enquanto fator de coesão territorial e social e sensibilizar a opinião pública para a importância da ferrovia na economia, na sociedade e no ambiente, trazendo a debate como podemos tirar o máximo proveito deste meio de transporte.

Também será útil referir que a União Europeia procura fomentar o debate político em torno deste tema e que o mesmo ajude na definição da futura estratégia para uma mobilidade sustentável e inteligente, sendo ainda destacadas outras iniciativas fundamentais, tais como a "Shift2Rail", a revisão do Regulamento da Rede Transeuropeia de Transportes (RTE-T), e o Quarto Pacote Ferroviário, o papel do mundo ferroviário português pode identificar as bases de procura de uma iniciativa comum em torno de uma experiência centrada numa ferrovia que fala português.

No contexto de emergência climática e perante a importância no cumprimento das metas ambientais, económicas e sociais plasmadas no «Pacto Ecológico Europeu» esta obra contribui sem dúvida para um debate mais aprofundado sobre a ferrovia em Portugal e nos países lusófonos como sinónimo de procura de sinergias e esforços de escala cooperativos, sendo que é de saudar esta iniciativa e felicitar os seus promotores por iniciarem os Cadernos Miranda Alliance com um tema tão presente e premente de exploração ferroviária.

João Carvalho
(Ex-Presidente Autoridade da Mobilidade e dos Transportes)

1.
Introdução ao Direito dos transportes ferroviários na lusofonia: semelhança na diversidade?

O Direito dos transportes ferroviários insere-se na realidade de modernização do transporte sobre carris e é baseado no Ecossistema Ferroviário, que constituiu o principal modo de transporte terrestre aquando do seu aparecimento, em meados do século XIX, e veio revolucionar os padrões de mobilidade dos países afetados.

Contudo foi perdendo gradualmente a preponderância e a competitividade, tendo-se tornado necessária a adoção de medidas com o objetivo de melhorar o seu desempenho e atratividade, nomeadamente face à forte concorrência do transporte individual, fundamentalmente a partir de meados do século XX.

O Ecossistema Ferroviário é um sistema complexo, composto pelo serviço de transporte em estradas de ferro abertas ao tráfego público, compreendendo a administração, construção, conservação e remoção das vias férreas e seus edifícios, obras-de-arte, material circulante, instalações complementares e acessórias, bem como o serviço de tráfego, controlo de velocidade, de telegrafia, telefonia (rádio solo) e funcionamento de todas as instalações ferroviárias.

A jusante do Ecossistema Ferroviário situa-se o Direito dos transportes ferroviários[1], que assume uma dupla dimensão[2]:

a) Direito Institucional – que se centra na regulação das organizações nacionais e internacionais tendentes a disciplinar ou a normalizar os transportes e os próprios transportadores, na medida em que, pelos valores em jogo, não possam deixar de satisfazer determinados requisitos;
b) Direito Material – que regula os negócios pelos quais o transportador se compromete, perante um interessado, a assegurar o transporte de pessoas ou de bens de um local para outro. O Direito Material dos transportes reporta se, essencialmente, ao Direito dos contratos de transporte. Trata se de um capítulo do

[1] Como, aliás, qualquer sub-ramo do Direito dos Transportes.

[2] Seguindo de perto Menezes Cordeiro, A., Introdução ao Direito dos Transportes, ROA 68/I, 2008, cit., 139 e Direito Comercial, 3.ª ed., cit., 787.

Direito Comercial[3]. É interessante assinalar, neste campo, que no âmbito internacional, a harmonização do Direito dos transportes ferroviários foi iniciada em 1890, com a Convenção de Berna sobre os transportes ferroviários[4].

O presente estudo enquadra-se, predominantemente, no Direito Institucional do transporte ferroviário[5] no mundo lusófono, constituindo apenas uma apresentação desta realidade em três países: Portugal, Angola e Moçambique. Sem entrar em muitos detalhes, mas por vezes entrando, tenta-se fazer algo que não fora feito até agora: traçar a história e o presente comum da ferrovia lusófona, como forma de criar um ramo de estudo jurídico comum, pela similitude de modelos contrastada pelas idiossincrasias que separam dois continentes muito diversos.

[3] Cfr. VII volume do Münchener Kommentar ao HGB, Transportrecht (1997), em 2205 pp. maciças, org. Jürgen Basedow e com a colaboração de Andreas Blaschczok, Peter Bydlinski, Roland Dubischar, Fritz Frantzioch, Wolf Goette, Herbert Kronke, Gerfried Mutz e Edgar Ruhwedel, actualizado no vol. VIIa (2000), em 330 pp., apud Menezes Cordeiro, A., introdução ao Direito dos Transportes, ROA 68/I, 2008, cit., 139 e Direito Comercial, 3.ª ed., cit., 787.

[4] Costeira da Rocha, F., O contrato de transporte de mercadorias / Contributo para o estudo da posição jurídica do destinatário no contrato de transporte de mercadorias (2000).

[5] Não olvidamos, contudo, que o Direito Institucional tem relevância na melhoria da qualidade do contrato de transporte, pertencente ao campo do Direito Material do transporte ferroviário, pelo que nos dedicamos apenas marginalmente ao tema.

2.
A ferrovia nos países lusófonos: origens e factos históricos relevantes

Guilherme W. d'Oliveira Martins
Ilvio Pacol Mango

2.1. Portugal

2.1.1. Origem da ferrovia em Portugal

O primeiro estadista a avançar com a ideia de estabelecimento de um sistema ferroviário em Portugal foi Costa Cabral, o qual pretendia ligar Lisboa ao Porto e a Madrid por caminho de ferro[6].

[6] Gazeta dos Caminhos de Ferro n.º 1173 (1 de novembro de 1936), p. 507.

Figura 1 – Crescimento da rede ferroviária em Portugal por década[7]

Década de 1850*	68	Década de 1930	202
Década de 1860	646	Década de 1940	7
Década de 1870	385	Década de 1950	8
Década de 1880	897	Década de 1960	-5
Década de 1890	350	Década de 1970	-4
Década de 1900	552	Década de 1980	-372
Década de 1910	322	Década de 1990**	-145
Década de 1920	160	Total da rede	3071

* De 1856 a 1859.
** Até 1996.

Em 10 de outubro de 1844, Benjamim de Oliveira, português residente em Londres, escreveu ao Conde do Tojal, então Ministro da Fazenda e seu primo, sugerindo-lhe a análise da possibilidade de construção de uma linha férrea que ligasse Lisboa ao Porto, passando por Santarém, Leiria, Coimbra e Aveiro[8]. Em resposta, o Conde de Tojal, que não reconhecia quaisquer vantagens à ferrovia, alegou serem suficientes as comunicações marítimas "feitas por dois vapores e muitos barcos costeiros, com os quais se não pode competir"[9].

Em 6 de dezembro de 1844, foi realizada em Londres uma reunião de banqueiros, negociantes e

[7] Cfr: Hugo Silveira Pereira, Quando Portugal acreditou no progresso: a ferrovia nacional na década de 1880, disponível em http://dx.doi.org/10.14195/2182-7974_31_2_4.

[8] Gazeta dos Caminhos de Ferro n.º 1561 (1 de janeiro de 1953), p. 394.

[9] Gazeta dos Caminhos de Ferro n.º 1561 (1 de janeiro de 1953), p. 394.

diretores de caminhos de ferro ingleses, com vista à constituição de uma sociedade de capitais ingleses e portugueses para a construção de uma linha férrea que ligasse Lisboa ao Porto.

Nesse mesmo mês, António de Cabral Sá Nogueira apresentou, em nome de Benjamim de Oliveira, junto do Ministério do Reino, uma proposta para a construção de caminho de ferro de Lisboa a Tomar.

Não foi dado seguimento a esta proposta, por ter sido, entretanto, criada, em 19 de dezembro de 1844, a Companhia das Obras Públicas de Portugal, a qual tinha por missão a realização dos necessários melhoramentos nas vias de comunicação existentes e, em especial, a construção de um caminho de ferro de Lisboa até à fronteira com a Espanha[10].

Em 19 de abril de 1845, o Governo português celebrou com a Companhia das Obras Públicas de Portugal um contrato para a construção de uma via férrea entre Lisboa e a fronteira com a Espanha[11].

Nessa mesma altura, foi fundada em Inglaterra – pelo Duque de Guiche, por Lord Uxbridge, o Conde de Coursay, o deputado Thomas Duncombe e o general Bacon –uma companhia com o objetivo de concretizar a ideia de Costa Cabral.

A referida companhia chegou a publicar um mapa de Portugal, feito pelo engenheiro James Ernalie, do qual constavam, como linhas férreas que se propunha construir, as seguintes:

[10] Gazeta dos Caminhos de Ferro n.º 1561 (1 de janeiro de 1953), p. 394.
[11] Gazeta dos Caminhos de Ferro n.º 1681(1 de janeiro de 1958), p. 9.

- uma linha que ligasse Lisboa a Madrid, passando por Barquinha, Talavera e Casarubia;
- uma linha que ligasse Évora a Sevilha, passando por Beja e Mértola; e
- uma linha que ligasse Alhandra ao Porto, passando por Caldas, Leiria e Coimbra[12].

No seguimento das lutas políticas de 1846, os trabalhos da Companhia das Obras Públicas de Portugal, que até então se tinha limitado a reparar algumas estradas já existentes[13], foram suspensos em 5 de maio desse ano, tendo sido abandonada a ideia de Costa Cabral da construção um caminho de ferro de Lisboa até à fronteira com a Espanha[14].

Em 1 de maio de 1851, o governo de Costa Cabral foi derrubado num golpe de Estado liderado pelo Duque de Saldanha e pelo seu aliado Fontes Pereira de Melo, dando início ao período historicamente conhecido como Regeneração[15].

[12] Gazeta dos Caminhos de Ferro n.º 1173 (1 de novembro de 1936), p. 507.

[13] Gazeta dos Caminhos de Ferro n.º 1681 (1 de janeiro de 1958), pp. 9-10.

[14] Gazeta dos Caminhos de Ferro n.º 1173 (1 de novembro de 1936), p. 507. Note-se que Finalmente por Decreto de 9 e Portaria de 11 de maio de 1848, foi ordenada a liquidação de contas com Companhia, a qual foi aprovada pelos Decretos de 7 de novembro de 1849 e 15 de maio de 1850 – Gazeta dos Caminhos de Ferro n.º 1173 (1 de novembro de 1936), p. 507.

[15] Hugo Silveira Pereira, "Sá da Bandeira e a ameaça dos caminhos de ferro", *Revista Militar*, n.º 2530 – Novembro de 2012, disponível em https://www.revistamilitar.pt/artigo/770.

Com o regresso da acalmia política após o golpe de Estado, foi renovada a ideia, inicialmente avançada por Costa Cabral, da construção de um caminho de ferro até à fronteira com o país vizinho[16] e a proposta, entretanto feita por Hardy Hislop, para a construção de um caminho de ferro de Lisboa até à fronteira de Badajoz desencadeou a nomeação, em 18 de julho de 1851, de uma equipa composta por Garrett, Larcher, o Barão da Luz e Lobo d'Avila para apreciação da aludida proposta[17]. Este trabalho desembocou na elaboração, em 20 de outubro de 1851, das bases do concurso para a construção do caminho de ferro de Lisboa a Santarém e desta cidade até à fronteira espanhola.

O concurso – cujo decreto de abertura foi assinado por Rodrigo da Fonseca Magalhães, na qualidade de Primeiro-Ministro do Reino, e por Fontes Pereira de Melo, na qualidade de Ministro da Fazenda – foi aberto a 6 de maio e encerrado a 31 de julho de 1852, tendo apresentado propostas Patrick Horste, Morton Peto e o próprio Hardy Hislop, desta feita em

[16] Note-se que as opiniões se dividiam sobre a questão de saber se deveria ser dada prioridade à linha do norte, ligando Lisboa ao Porto, ou à linha do leste, na direção à fronteira com a Espanha, em Badajoz. Apesar de ter sido priorizada esta última, seria comum às duas linhas o troço Lisboa-Santarém, o qual foi mais tarde prolongado até ao lugar onde acabaria por nascer a localidade que hoje se conhece por Entroncamento – Gazeta dos Caminhos de Ferro n.º 1561 (1 de janeiro de 1953), p. 395.

[17] Gazeta dos Caminhos de Ferro n.º 1681 (1 de janeiro de 1958), p. 10.

representação da Companhia Central e Peninsular dos Caminhos de Ferro em Portugal.

Atendendo a que as propostas subscritas pelos dois primeiros concorrentes não se encontravam em conformidade com as condições do concurso, a adjudicação provisória recaiu sobre aquela que foi apresentada pela companhia representada por Hardy Hislop.

Apesar de a Companhia Central e Peninsular dos Caminhos de Ferro em Portugal se ter obrigado, na proposta apresentada, a construir, sobre as mesmas bases, a linha de Santarém à fronteira de Badajoz e ao Porto se a adjudicação definitiva recaísse sobre a sua proposta, apenas lhe foi adjudicada a construção da linha de Lisboa a Santarém. No seguimento da adjudicação, a companhia encarregou o engenheiro Thomaz Rumball de estudar o projeto[18].

Em 30 de agosto de 1852, o Duque de Saldanha criou o Ministério das Obras Públicas, Comércio e Indústria, nomeando como seu ministro responsável Fontes Pereira de Melo[19].

O titular da pasta do recém-criado ministério via na melhoria das vias de transporte o meio de aproximar Portugal dos restantes países da Europa[20] e era adepto do saint-simonismo, uma ideologia criada

[18] Gazeta dos Caminhos de Ferro n.º 1173 (1 de novembro de 1936), p. 508.

[19] Gazeta dos Caminhos de Ferro n.º 1561 (1 de janeiro de 1953), p. 395.

[20] Hugo Silveira Pereira, "As viagens ferroviárias em Portugal (1845-1896)", *CEM N.º 1/Cultura, Espaço & Memória*, p. 27, disponível em https://ojs.letras.up.pt/index.php/CITCEM/article/view/4867/4549.

em finais do século XVIII pelo aristocrata francês Saint-Simon, o qual defendia a construção de grandes obras públicas e vastas redes de comunicação, por uma elite tecnocrata ao serviço do Estado, para fomentar a circulação e a riqueza[21].

No Portugal do Fontismo, o saint-simonismo e a ferrovia – que era vista como um símbolo de progresso e um meio para unificar o país, dividido pelas distâncias e por diversos obstáculos geográficos, e aproximá-lo do centro da Europa[22] – foram entusiasticamente promovidos, contando com forte apoio dos antigos exilados da guerra civil e das gerações de engenheiros que desde 1820 vinham a frequentar prestigiadas escolas europeias, com destaque para a École des Ponts et Chaussées, e testemunhavam que os países mais desenvolvidos da Europa eram também aqueles que possuíam redes férreas mais extensas, circunstância que permitia estabelecer uma relação de causa-efeito entre a locomotiva e o progresso[23].

Em 7 de dezembro de 1852, o engenheiro Thomaz Rumball terminou o estudo do projeto de construção do caminho de ferro de Lisboa a Santarém e o seu trabalho foi apresentado ao Governo dois dias depois.

[21] Hugo Silveira Pereira, "Quando Portugal acreditou no progresso: a ferrovia nacional na década de 1880", *Boletim do Arquivo da Universidade de Coimbra*, Vol. 31, Nº 2 (2018), p. 108.
[22] Hugo Silveira Pereira, "Quando...", *op. cit.*, p. 109.
[23] Hugo Silveira Pereira, "Caminhos de ferro portugueses na década de 1890: entre crença no progresso e pessimismo tecnológico", *Revista Portuguesa de História 50 (2019)*, pp. 111-112.

Depois de estudar o projeto apresentado, o Governo procedeu a algumas modificações e fixou o seguinte traçado: a linha partiria do Cais dos Soldados (atualmente Santa Apolónia) e seguiria por Olivais, Sacavém, Póvoa, Alverca, Vila Franca, Castanheira, Vila Nova, Azambuja, Virtudes, Santa Ana, Omnia e, por fim, Santarém. Entre Santa Ana e Omnia a linha passaria ao norte do canal da Azambuja de forma a facilitar o seu prolongamento linha até à fronteira em Santarém[24].

A Companhia Central e Peninsular dos Caminhos de Ferro em Portugal aceitou estas novas condições, tendo o Ministro das Obras Públicas, Comércio e Indústria fixado, por intermédio do Decreto de 7 de fevereiro de 1853, o prazo de quarenta dias para que a companhia se constituísse definitivamente. Posteriormente, foi assinado, em 11 de maio de 1853, o contrato definitivo para a construção do primeiro troço da linha de Lisboa até à fronteira[25].

Em 5 de setembro de 1853, foram aprovadas as normas da fiscalização da construção e esta foi iniciada em 17 do mesmo mês, a cargo dos empreiteiros Shaw & Waring, de Londres[26].

[24] Gazeta dos Caminhos de Ferro n.º 1173 (1 de novembro de 1936), p. 508.

[25] Gazeta dos Caminhos de Ferro n.º 1173 (1 de novembro de 1936), p. 508.

[26] Gazeta dos Caminhos de Ferro n.º 1681 (1 de janeiro de 1958), p. 10.

Dois anos depois, em 5 de setembro de 1855, fruto das desinteligências entre a companhia e os empreiteiros, os trabalhos de construção da linha foram suspensos. Para evitar atrasos na conclusão da obra, enquanto procurava solucionar o litígio, o Governo chamou a si a respetiva administração logo no dia seguinte e, por Portaria de 7 de fevereiro de 1856, cometeu-a ao engenheiro Watier, o qual era assistido pelos engenheiros portugueses Margiochi e Gromicho Couceiro, a quem também foi entregue o estudo da linha do Porto[27]. Por Portaria de 28 de junho de 1856, a responsabilidade pela construção da linha foi novamente transferida para a Companhia Central e Peninsular dos Caminhos de Ferro em Portugal[28].

Uma vez terminadas as obras de construção do troço de Lisboa ao Carregado, com 36,5 quilómetros de extensão[29], era chegada a altura de preparar a sua inauguração.

Esta foi feita de forma solene no dia 28 de outubro de 1856, com as formalidades previamente estabelecidas num programa publicado na folha oficial em 23 do mesmo mês[30]. Às 10h30m da manhã começou na estação do Cais dos Soldados a cerimónia de bênção das locomotivas, a cargo do Cardeal Patriarca, na presença do Rei D. Pedro V, do Rei D. Fernando, dos Infantes D. Luís e D. João, das Infantas D. Maria

[27] Gazeta dos Caminhos de Ferro n.º 1681 (1 de janeiro de 1958), p. 10.
[28] Boletim da C.P n.º 328, outubro-1956, ano 28, p. 9.
[29] Gazeta dos Caminhos de Ferro n.º 1681 (1 de janeiro de 1958), p. 10.
[30] Boletim da C.P n.º 328, outubro-1956, ano 28, p. 9.

Ana, D. Antónia, D. Isabel Maria e D. Ana de Jesus, do Corpo Diplomático, da Corte e de muitas outras pessoas de todas as classes da sociedade[31].

Terminada a cerimónia de bênção, a Família Real e outras pessoas tomaram lugar num comboio composto por 14 carruagens e seguiram até ao Carregado. No momento da partida, foram dadas salvas no Castelo de São Jorge e nos navios de guerra e lançadas muitas girândolas de foguetes[32]. Iniciava-se assim a exploração do primeiro troço de caminhos de ferro em Portugal.

Em 31 de julho de 1857, foi aberto à exploração mais um troço, entre o Carregado e as Virtudes. Em 28 de abril de 1858, foi inaugurado um novo troço, que ligava as Virtudes à ponte de Sant'Ana, ao qual se seguiu o troço entre esta e a ponte de Asseca[33]

Em 30 de julho de 1859, o Governo contratou provisoriamente a construção da linha do leste e norte com D. José Salamanca, o qual organizou a Companhia Real dos Caminhos de Ferro Portugueses, legalmente constituída em 11 de maio de 1860 e que se propunha explorar as linhas do leste e norte e construir e explorar os caminhos de ferro cuja concessão conquistasse posteriormente[34].

[31] Não conseguiram, contudo, comparecer ao ato três notáveis ministros que muito haviam contribuído para a construção da linha: Rodrigo da Fonseca, Visconde de Atouguia e Fontes Pereira de Melo.

[32] Boletim da C.P n.º 328, outubro-1956, ano 28, pp. 9-10.

[33] Gazeta dos Caminhos de Ferro n.º 1681 (1 de janeiro de 1958), p. 10.

[34] Gazeta dos Caminhos de Ferro n.º 1681 (1 de janeiro de 1958), p. 11.

Os anos que se seguiram foram marcados, por um lado, por uma intensa produção de legislação específica referente à ferrovia[35] e, à medida que a construção das linhas férreas avançava para territórios próximos da fronteira com a Espanha, pela substituição de vias de bitola (distância entre carris medida em alinhamento reto) de 1,44 m pela de 1,67 m.

Como se sabe, a Espanha, sob o pretexto de aumento da potência das locomotivas e da maior capacidade e comodidade do material circulante, adotou a bitola de 1,67 m, a qual é diferente da francesa, isolando-se por tal modo do sistema ferroviário europeu.

Ora, tendo Portugal, por influência dos técnicos ingleses e franceses que participaram na construção das primeiras linhas no país, dado preferência à bitola de 1,44 m usado na Europa central e mais adequada ao acidentado do seu território, viu-se obrigado – para evitar o seu eventual isolamento a um canto da Europa, sem ligação direta sequer com o país vizinho – a adotar a via de 1,67 m e a modificar as linhas já construídas[36].

[35] Como nota HUGO SILVEIRA PEREIRA, nos primeiros anos da ferrovia, *"as únicas fontes que legislavam latamente sobre esta matéria eram a Carta de 1826, o Código Comercial de 1833 e o diploma cabralino de 18 de outubro de 1845 "* – "A legislação ferroviária portuguesa (1845-1892)", *História. Revista da FLUP*, Porto, IV Série. Vol. 8, n.º 1, pp. 203-204.

[36] Gazeta 1681, p. 14.

Por outro lado, foram abertas à exploração – na linha do sul[37] – em 23 de janeiro de 1861 as linhas do Barreiro a Vendas Novas e do Pinhal Novo a Setúbal. Foram-no subsequentemente as linhas de Vendas Novas a Évora, em 14 de setembro de 1863, e de Évora a Estremoz, em 22 de dezembro de 1873[38].

Foram de igual modo abertas à exploração – na linha do leste – as linhas férreas até Santarém, em 1 de julho de 1861, de Santarém a Abrantes, em 7 de novembro de 1862, desta localidade ao Crato, em 6 de março de 1863, do Crato a Elvas, em 4 de julho de 1862 e, finalmente, até à fronteira, em 24 de setembro de 1863.

Foi também inaugurada em 1866 a estação ferroviária de Lisboa, Santa Apolónia[39].

Na linha do norte, foi aberto à exploração o troço entre Estarreja e Gaia, em 8 de julho de 1863, entre Taveiro e Estarreja, em 10 de abril de 1864, entre Entroncamento e Soure, em 22 de maio de 1864, e entre Soure e Taveiro, em 7 de julho 1864[40].

Após vicissitudes várias, em 7 de julho de 1864 a linha do norte chegou às "Devezas", na margem esquerda do rio Douro, onde é atualmente a estação de Vila Nova de Gaia[41].

[37] A exploração da linha do sul ficou a cargo da Companhia dos Caminhos de Ferro a Sul do Tejo, a qual celebrou o contrato para a respetiva construção em 24 de julho de 1854 – Gazeta 1683, p. 75.

[38] Gazeta dos Caminhos de Ferro n.º 1683 (1 de fevereiro de 1958), pp. 75-76.

[39] Gazeta dos Caminhos de Ferro n.º 1681 (1 de janeiro de 1958), p. 11.

[40] Gazeta dos Caminhos de Ferro n.º 1681 (1 de janeiro de 1958), p. 11.

[41] Gazeta dos Caminhos de Ferro n.º 1561 (1 de janeiro de 1953), p. 395.

Para a linha do norte chegar ao Porto, impunha-se a construção de uma travessia do Douro pelo caminho de ferro. Iniciada em 5 de janeiro de 1876, esta demoraria 22 meses, tendo sido concluída em 30 de outubro de 1877.

Em 4 de novembro de 1877, a ponte foi solenemente inaugurada pelo Rei D. Luís I e pela Rainha D. Maria Pia, que lhe deu o nome[42], chegando, finalmente, a linha do norte à estação de Porto Campanhã, e por tal modo à segunda cidade do país.

2.1.2. Ferrovia em Portugal na atualidade

A rede ferroviária portuguesa em exploração tem uma extensão total de 2.546 Km. Considerando a área e a população residente de Portugal Continental, a rede apresenta uma densidade de 0,029 km/km2 e 0,25 km/1000 hab, respetivamente. Por outro lado, existem aproximadamente 7 km de estradas da Rede Rodoviária Nacional por cada km de via férrea[43].

[42] Gazeta dos Caminhos de Ferro n.º 1652 (16 de outubro de 1956), p. 472.

[43] Conforme resulta do relatório da Autoridade da Mobilidade e Transportes, Ecossistema ferroviário português 2012-2016, disponível em https://www.amt-autoridade.pt/media/1645/relatorio-ecossistema-ferroviario-portugu%C3%AAs_2012_2016.pdf.
"Em termos de tipologia, a rede é maioritariamente em via única (76,1%). No que respeita a via dupla (22,0%), a rede compreende, genericamente, as linhas do Norte, de Braga e de Cascais, bem como alguns troços das linhas de Sintra, de Cintura, do Minho, do Alentejo e do Sul. Quanto à via múltipla (geralmente quádrupla) (1,9%), existe em troços das linhas do Norte (Braço de Prata – Azambuja16), de

Sintra (Sete Rios - Cacém), de Cintura (Sete Rios - Roma-Areeiro) e do Minho (Campanhã - Contumil).
No que respeita à bitola da via, a rede envolve na sua quase totalidade (95,6%) via larga (i.e., bitola ibérica, de 1668mm), resumindo-se a via estreita (i.e., bitola métrica, de 1000mm) (4,4%) à Linha do Vouga e ao troço remanescente da Linha do Tua, explorado pelo Metro Ligeiro de Mirandela e, entretanto, desclassificada da Rede Ferroviária Nacional.
No que concerne a eletrificação, cerca de dois terços da rede é eletrificada (64,9%), sendo a alimentação feita por catenária de corrente alterna (25KV, 50Hz) ou, apenas no caso da Linha de Cascais, por catenária de corrente contínua (1.5KV). Da rede não eletrificada (35,1%) - que compreende exclusivamente troços em via única - destacam-se a totalidade da Linha do Leste e troços significativos das linhas do Minho, do Douro, do Oeste e do Algarve. Os dados de 2016 divulgados pelo IRG-Rail apontam para um valor 56% de rede eletrificada para o conjunto de países europeus que fazem parte deste organismo. Em Espanha, França e Alemanha esta proporção era de 63%, 57% e 53%, respetivamente.
Finalmente, a maioria da extensão da rede (76,6%) encontra-se em exploração tanto por serviços regulares de passageiros como de mercadorias, sendo atualmente 14,4% da rede explorada apenas por serviços de passageiros (v.g., as Linhas de Cascais e do Vouga, ou a maior parte da Linha do Algarve). A restante rede (9,0%) compreende linhas/ramais usadas atualmente apenas para transporte de mercadorias (v.g., a linha de Vendas Novas), ou de acesso a zonas portuárias (v.g., as linhas de Leixões, da Matinha ou de Sines), zonas industriais (v.g., ramais do Louriçal ou da SAPEC) ou zonas extrativas (v.g., o ramal de Neves-Corvo).
Algumas das linhas da rede nacional - designadamente, as Linhas do Norte, da Beira Alta, da Beira Baixa, do Leste, de Vendas Novas, do Sul e de Sines - integram, na totalidade ou alguns dos seus troços, o Corredor Atlântico, um dos 9 corredores ferroviários que compõem a rede principal ("core") da Rede Transeuropeia de Transportes (RTE-T). A este propósito, refira-se que, na data atual, a rede nacional ainda não dispõe de nenhum troço equipado com o sistema ERTMS (European Railway Traffic Management System), sendo Portugal um dos poucos países da União Europeia onde se verifica essa realidade.

A reestruturação orgânica do setor ferroviário em Portugal foi desencadeada em 1997, com a separação das atividades de gestão da infraestrutura e de operação do transporte em duas empresas públicas distintas, com autonomia jurídica, administrativa e financeira.

Nesse sentido, foi criada a REFER – Rede Ferroviária Nacional, E.P.E[44], como entidade responsável pela gestão da infraestrutura, mantendo a CP – Caminhos de Ferro Portugueses, E.P.[45], apenas, a exploração do transporte ferroviário de passageiros e de mercadorias.

Em 2009, a CP adota a denominação de CP – Comboios de Portugal, EPE[46]. Quanto à REFER, em 2015 foi fundida com a EP – Estradas de Portugal (o concessionário geral da rede rodoviária nacional) na IP – Infraestruturas de Portugal, S.A., empresa do setor empresarial do estado, que passou a integrar a gestão das redes de infraestruturas rodoviária e ferroviária[47].

Relativamente à gestão da infraestrutura ferroviária e em cumprimento da Resolução de Conselho de Ministros nº 10-A/2016, de 11 de março, foi

[44] Decreto-Lei n.º 104/97, de 29 de abril – criação da REFER, E.P., designação alterada para REFER – Rede Ferroviária Nacional, EPE, pelo Decreto-Lei n.º 141/2008, de 22 de julho.

[45] Criada, após a nacionalização, pelo Decreto-Lei n.º 109/77, de 25 de março, o qual determina que a empresa pública denominada Companhia dos Caminhos de Ferro Portugueses passe a denominar-se Caminhos de Ferro Portugueses, E. P.

[46] Decreto-Lei n.º 137-A/2009, de 12 de junho.

[47] Decreto-Lei n.º 91/2015, de 29 de maio.

celebrado entre o Estado Português e a IP o Contrato Programa para o setor ferroviário, que define e regula os termos e condições da prestação das obrigações de serviço público de gestão da infraestrutura integrante da RFN, para o período compreendido entre 1 de janeiro de 2016 e 31 de dezembro de 2020, bem como das indemnizações compensatórias decorrentes, a pagar pelo Estado Português.

Aquando da separação da gestão da infraestrutura e da operação do transporte ferroviário procedeu-se igualmente à reorganização da CP em unidades de negócio de passageiros (CP Porto, CP Lisboa, CP Longo Curso e CP Regional) e de mercadorias (CP Carga)[48]. De acordo com informação disponibilizada no site da CP, a estrutura de negócio da empresa está atualmente organizada em três Áreas: Comboios Urbanos de Lisboa, Porto e Coimbra; Comboios Alfa Pendular, Intercidades e Internacional; e Comboios Regionais e Inter-regionais. Sendo reconhecido que a CP, nos termos estatutários, desenvolve atividades inerentes à prestação de um serviço de interesse económico geral, é legítimo, e até obrigatório, face às regras comunitárias e nacionais, que seja celebrado entre o Estado e a CP um contrato de serviço público

[48] Decisão que surge na sequência da Resolução do Conselho de Ministros 150/2004 de 30 de outubro, a qual determinou a formalização de projetos de reestruturação das empresas de transportes urbanos do sector empresarial do Estado com vista à sua consolidação e melhoria da eficiência sustentada, definindo ainda um novo modelo de funcionamento do transporte coletivo.

que defina as condições de exploração de tal serviço. No caso de Portugal, atentas as características geográficas do país, a reduzida dimensão da sua rede ferroviária e o direito da população à mobilidade, foi considerado pelo Estado e pela CP que todos os serviços de transporte ferroviário de passageiros atualmente prestados por esta são de interesse público, independentemente de se mostrarem, ou não, rentáveis do ponto de vista económico-financeiro[49].

Do quadro seguinte verifica-se que a densidade da rede portuguesa, em função da população e do território, é, em certos casos, menor em cerca de 2/3 do que a de alguns Países Europeus:

Figura 2 – Comparação entre vários Países quanto à dimensão, extensão da rede ferroviária e população

	Área total	Extensão Rede*	População	km rede por hab
Portugal	92 212	2 546	10 300 000	0,00025
Áustria	83 879	4 953	8 747 000	0,00057
Reino Unido	242 495	16 253	65 640 000	0,00025
França	643 801	28 422	66 900 000	0,00042
Suíça	41 285	4 062	8 372 000	0,00049
Espanha	505 990	15 854	46 560 000	0,00034

* rede total (afecta a passageiros e mercadorias)

Fonte: UIC e IP

Dada a localização geográfica de Portugal na Europa, o tráfego ferroviário de passageiros é maio-

[49] Art. 6.º do Decreto-Lei n.º Decreto-Lei 137-A/2009, de 12 de junho.

ritariamente nacional (a demanda de comboios internacionais é residual face ao restante tráfego nacional ou em comparação com outros países situados no centro da Europa), pelo que a procura é homogénea, sem grandes eixos diferenciados a justificar a criação de modelos de negócio distintos, como noutros países.

Assim, face à dimensão do País, sob o ponto de vista geográfico e demográfico, bem como à sua situação geográfica na Europa (país periférico) e à dimensão e diversidade da rede ferroviária nacional, afigura-se ser de maior eficácia e eficiência a produção integrada do transporte ferroviário de passageiros.

2.2. Razões subjacentes ao surgimento no último decénio do século XIX da rede ferroviária em Angola e Moçambique

Depois de ter as suas principais linhas na metrópole construídas, Portugal decidiu – ao mesmo tempo que procedia à construção das linhas ferroviárias complementares – alargar à sua região ultramarina, com efeitos visíveis a partir de 1880, o ambicioso programa de obras públicas assente na ideia *saint-simonista* de progresso e criação de civilizações de circulação.

Apesar de também ter tido como finalidade a promoção da exploração dos recursos das províncias ultramarinas e a disponibilização de saída marítima aos territórios estrangeiros vizinhos, atividades das quais se esperava obter receitas suficientes para cobrir o investimento e criar uma fonte de riqueza que atenuasse a "perda do Brasil"[50], o alargamento do programa de obras públicas teve como principal objetivo impulsionador a garantia da soberania portuguesa sobre as então províncias ultramarinas de Moçambique e de Angola.

De facto, no seguimento das conferências de Bruxelas (1876) e, sobretudo, de Berlim (1884-1885), cujas conclusões foram desfavoráveis a Portugal, a implementação de caminhos de ferro em Moçambique e em Angola era visto como o meio mais eficaz de solidificar a ocupação efetiva e de assegurar a soberania portuguesa sobre aqueles territórios africanos face à cobiça e ambições expansionistas de outras potências colonizadoras[51].

Atente-se, a este respeito, nas ambições britânicas patentes no editorial publicado no The Railway Times, em 5 de novembro de 1881:

> *"it must be borne in mind that Africa cannot any longer be neglected by them [os portugueses], as all the European nations have now commenced to diffuse the light of civilization over the face of that «dark» continent"*[52].

[50] Hugo Silveira Pereira, "Portais de globalização: portos e caminhos de ferro no contexto colonial português (c. 1870 – c. 1910)", 2018, *Revista Portuguesa de História*, n.º 49 (2018), p. 257.

[51] Hugo Silveira Pereira," Cultura material, progresso, civilização e identidade nacional: Os caminhos de ferro coloniais em Angola e Moçambique (c. 1870 – c. 1915)", *Tempo e Argumento*, Florianópolis, v. 11, n. 27, maio/ago. 2019, p. 232.

[52] Hugo Silveira Pereira, "Cultura..., *op. cit.*, p. 232.

Em jeito de resposta, a Sociedade de Geografia de Lisboa emitiu, no ano seguinte, um parecer sobre o caminho de ferro projetado de Luanda a Ambaca, que considerou *"a mais solene [...] garantia de soberania e de ocupação civilizadora"*[53].

Na sequência do Ultimato Britânico de 1890, através do qual se exigia a Portugal que retirasse as suas forças dos territórios entre Angola e Moçambique, sob pena de corte de relações diplomáticas, foi reformulada – em resposta àquele incidente diplomático, por Decreto de 30 de setembro de 1891 – a estrutura de administração de Moçambique.

O então Ministro da Marinha e Ultramar, Júlio de Vilhena, considerava a ferrovia uma das melhores formas de confirmar a presença portuguesa em Moçambique e de reforçar a vocação colonial do país, conforme resulta do seguinte trecho do preâmbulo do Decreto de 30 de setembro de 1891:

> *"accusados perante o mundo de povo inerte e sem aptidão colonizadora [...], precisâmos mostrar que não nos fallece a coragem para os emprehendimentos grandiosos, nem se nos entibia o animo para operar a grande obra da nossa restauração colonial"*[54].

No que respeita a Angola, e conforme resulta dos ofícios de 2 de novembro de 1910 e 12 de janeiro de

[53] Hugo Silveira Pereira, "Cultura..., *op. cit.*, p. 232.
[54] Hugo Silveira Pereira, "Cultura..., *op. cit.*, pp. 232-233.

1912 citados por Hugo Silveira Pereira[55], a decisão de construção do caminho de ferro no distrito de Mossâmedes *"afirmaria de modo bem eloquente e energico, que não poderá a teimosia da Allemanha encontrar pretexto para negar o nosso dominio alli por falta de ocupação effectiva"*.

Esclarecido o principal motivo que impulsionou a construção da ferrovia nas províncias ultramarinas portuguesas de África, é chegado o momento de ver alguns factos históricos relevantes na implementação do sistema ferroviário em Angola e em Moçambique.

2.2.1. Angola

As primeiras iniciativas para a construção, em Angola, de caminhos de ferro remontam a 1848. Nesse ano, Arsênio Pompílio Pompeu de Carpo, associado com Silvano Francisco Luiz Pereira, com Eduardo Germak Possolo e com Schut, então cônsul honorário português em Hamburgo, projetaram a construção de um caminho de ferro entre Luanda e Calumbo. Contudo, apenas 14 anos mais tarde, em 1862, o Governador José Baptista de Andrade mandaria o engenheiro João Soares Caldeira estudar aquele caminho de ferro[56].

Por Portaria de 5 de agosto de 1873, o então Ministro da Marinha e Ultramar, João de Andrade Corvo determinou que o Governador Geral de Angola for-

[55] "Portais...", *op. cit.*, p. 263.

[56] FRANCISCO SANDE LEMOS, *Angola – Portos e Caminhos de Ferro – Exposição Colonial Portuguesa 1934*, Imprensa Nacional Luanda, p. 4.

masse um projeto de viação pública para esta colónia portuguesa[57].

Após o mesmo Ministro ter insistido, em ofício de 5 de fevereiro de 1874, que o Governador Geral cumprisse a referida Portaria, foi publicado, em 9 de dezembro de 1874 um Decreto que aprovava um contrato entre o Governo e Augusto Garrido, Alberto da Fonseca Abreu e Costa, José Jacinto Ferreira da Cruz, Ângelo Sárrea de Sousa Prado, Joaquim Matos da Câmara e Isaac Zagury, constituídos em sociedade, para a construção e exploração de um caminho de ferro entre Luanda e Ambaca[58].

Porém, até 1882, não chegaram a ser dados os passos necessários para a construção da linha entre Luanda e Ambaca.

Em 16 de julho de 1885, foi autorizado o Governo a adjudicar, após concurso, a construção e exploração do caminho de ferro entre Luanda e Ambaca, tendo o concurso sido aberto através do Decreto de 24 de julho de 1885.

A construção e exploração da linha foi adjudicada a Alexandre Peres e foi entre este e o Governo celebrado o contrato de construção e exploração, obrigando-se o adjudicatário, além do mais, a constituir uma sociedade para efeitos da sua execução[59].

Foi constituída a Companhia Real dos Caminhos de Ferro Através de África, cujos estatutos foram

[57] Francisco Sande Lemos, *op. cit.*, p. 4.
[58] Francisco Sande Lemos, *op. cit.*, p. 4.
[59] Francisco Sande Lemos, *op. cit.*, p. 7.

lavrados em 6 de fevereiro de 1886 e aprovados por Decreto de 10 de fevereiro de 1886.

Em 31 de outubro de 1886, foram iniciadas, sob a direção do engenheiro João Burnay, as obras de construção da linha entre Luanda e Ambaca e nela trabalharam indivíduos de nove nacionalidades diferentes: portuguesa, francesa, belga, alemã, inglesa, norte-americana, espanhola, italiana, russa e sueca.

Dois anos depois, mais precisamente em 31 de outubro de 1888[60], dia de aniversário de sua majestade, o Rei D. Luiz I, foram inaugurados, com toda a solenidade, os primeiros 45 quilómetros (entre Luanda e Funda) do Caminho de Ferro de Ambaca.

A cerimónia iniciou-se pelas 7 horas, tendo começado com a bênção da locomotiva, seguida de «Te-Deum» cantado em ação de graças. Foram feitos vários discursos, após os quais o comboio foi posto em marcha, ao som de uma girândola de foguetes e de salvas da fortaleza. Iniciava-se deste modo a exploração do primeiro troço de caminho de ferro a ser construído na então província ultramarina de Angola.

Foram posteriormente construídos outros caminhos de ferro, nomeadamente os caminhos de ferro de Benguela, Malanje, Moçâmedes[61] e Golungo Alto.

[60] Para que os empregados pudessem comparecer ao ato, todo o comércio encerrou as portas nesse dia – FRANCISCO SANDE LEMOS, *op. cit.*, p. 7.

[61] Até ao ano de 1945, o Distrito de Moçâmedes era grafado como Mossâmedes.

Relativamente aos caminhos de ferro de Benguela, a respetiva construção deveu-se a sir Robert Williams, que, após ter descoberto as minas da Katanga, procurou providenciar um meio mais económico para o transporte dos seus minérios. Neste contexto, requereu e obteve – através do Decreto de 28 de novembro de 1902 – a concessão, por 99 anos, da construção e exploração de uma linha férrea *"que, partindo da baía do Lobito, siga até à fronteira leste da província de Angola, aproximando-se no seu terminus, na fronteira, do paralelo 12º de latitude sul"*[62].

Foi desta forma que se formou a Companhia do Caminho de Ferro de Benguela, em cujo capital o Estado participou e cujos estatutos foram aprovados por decreto de 25 de maio de 1903.Em setembro de 1905, foram iniciadas as obras da construção dos Caminhos de Ferro de Moçâmedes cujo objetivo *"foi servir o planalto de Huila, atravessando a Serra de Cheia e fazendo o seu «términus» no Cubango"*[63].

Em fevereiro de 1906, foram abertos à exploração os primeiros 26 quilómetros desta linha[64].

Em 1 de março de 1903, foram iniciados os trabalhos de construção da linha e, em 1908, aberto à exploração o troço entre o Lobito e o Cubal, correspondente aos seus primeiros 197 quilómetros[65].

[62] Francisco Sande Lemos, *op. cit.*, p. 8.

[63] Boletim da C.P. n.º 11, 2.º ano – maio de 1930, p. 62.

[64] Boletim da C.P. n.º 11, 2.º ano – maio de 1930, p. 62.

[65] Após períodos de construção, linha chegaria, em 11 de janeiro de 1929, ao rio à fronteira com a atual República Democrática do Congo – Francisco Sande Lemos, *op. cit.*, p. 8.

Em 8 de setembro de 1907, foram inaugurados os primeiros 85 quilómetros (Lucala- Matete) da linha de Malange, construída pelo Estado. Pouco tempo depois, foi inaugurado, em 1 de setembro de 1909, o último troço desta linha.

À semelhança da linha de Malange, o ramal do Golungo Alto, com via de bitola de 0,60 m, foi igualmente construído pelo Estado e tinha 31 quilómetros de extensão. Os seus primeiros km (4, de Canhoca a Cambondo) foram abertos à exploração em 28 de agosto de 1913 e o último troço em 20 de outubro de 1915.

Por Decreto n.º 4.600, de 13 de julho de 1918, o Governo da metrópole determinou que o Estado tomasse posse do Caminho de Ferro de Ambaca, sendo este (com 364 km à data), bem como os Caminhos de Ferro de Malange (então com 140 km) e o ramal do Golungo Alto (com 31 km) integrados nos Caminhos de Ferro de Luanda[66].

2.2.2. *Moçambique*

O aparecimento da primeira linha férrea na então província ultramarina de Moçambique foi impulsionada pelos bóeres do Transvaal, os quais pretendiam escoar a sua produção de carvão mineral através de um porto onde se praticassem tarifas baixas, sem

[66] Francisco Sande Lemos, *op. cit.*, p. 9.

necessidade de recurso aos portos ingleses, com quem se encontravam em disputas territoriais[67].

O porto de Lourenço Marques (atual Maputo) preenchia estes requisitos, circunstância que motivou a construção de uma estrada entre o Transvaal e Lourenço Marques, primeiro, e a decisão de construção de uma linha férrea entre estes dois territórios, mais tarde[68].

Com vista a concretizar esta decisão, o Governo português aprovou, em 1884, o estatuto da companhia Caminho de Ferro de Lourenço Marques ao Transval, constituída por um investidor americano e que foi encarregada da construção dos troços da correspondente linha dentro de Moçambique. Da parte transvaliana, as obras de construção ficaram a cargo de *De Nederlandsch Zuid-Afrikaansche Spoorweg Maatschappij*, um sindicato financeiro de capitais holandeses e alemães[69].

A construção desta linha foi iniciada em 1885[70] e o seu primeiro troço, entre Lourenço Marques e Incomati, foi inaugurado em 1887[71]. Nascia assim o caminho de ferro em Moçambique.

Em 1890, a sua construção ficou concluída com a chegada à fronteira transvaliana, contando com uma

[67] Dissertação de mestrado de António Gomes de Jesus Neto, *Entre trilhos e rodas: fluidez territorial e os sentidos da circulação de mercadorias em Moçambique*, 2016, Universidade de São Paulo, p. 14.

[68] António Gomes de Jesus Neto, *op. cit.*, p. 14.

[69] António Gomes de Jesus Neto, *op. cit.*, p. 14.

[70] Boletim da C.P. 11, 2.º ano – maio 1930, p. 63.

[71] Gazeta n.º 1652, p. 537.

extensão de 89 km entre as estações de Lourenço Marques e de Ressano Garcia, no Transval[72-73].

Em 1891, foi autorizada a construção em Moçambique de um caminho de ferro entre a cidade da Beira e a fronteira da Rodésia (atual Zimbabué) em Minini, passando pelos territórios de Manica e de Sofala[74].

A construção desta linha foi inicialmente concedida a Van Lann, que mais tarde transferiria a concessão para uma companhia inglesa, denominada *The Beira Railway Company*[75].

As obras de construção desta via férrea foram iniciadas em 1893 e concluídas em 1897[76], chegando assim os caminhos de ferro ao centro de Moçambique[77].

Em 1912, o Governo português da metrópole aprovou, nos seus esforços de estender os caminhos de ferro ao norte de Moçambique, um decreto que

[72] Boletim da C.P. 11, 2.º ano – maio 1930, p. 63.

[73] Note-se que esta não foi a única linha féria construída no sul de Moçambique nesse período. Como nos dá conta António Gomes de Jesus Neto, em 1908, foram construídas a linha de Goba com o objetivo de ligar o porto de Lourenço Marques ao território da Swazilândia e a linha que liga o porto de Inhambane à Inharrime – *op. cit.*, pp. 16-17.

[74] Hugo Silveira Pereia, "O caminho de ferro da Beira em Moçambique (1890-1914): entre antagonismo tecnodiplomático e simbiose económica", *Análise Social*, liv (4.º), 2019 (n.º 233), p.696, e Boletim da C.P. n.º 12, 2.º – ano – junho de 1930, p. 78.

[75] Boletim da C.P. n.º 12, 2.º – ano – junho de 1930, p. 78, e António Gomes de Jesus Neto, *op. cit.*, p. 18.

[76] Boletim da C.P. n.º 12, 2.º – ano – junho de 1930, p. 78.

[77] Mais tarde, em 1922, seriam também construídas no centro de Moçambique a linha que que liga o porto da Beira à Niassalândia (atual Malawi), país sem acesso ao mar, e a linha que liga Mocuba a Quelimane – António Gomes de Jesus Neto, *op. cit.*, p. 19.

autorizava a construção de uma ferrovia que ligasse as proximidades da fronteira com a Niassalândia (atual Malawi) a Porto Amélia (atual Pemba)[78].

Em 1913, foram iniciadas as obras da construção desta ferrovia a partir do Lumbo, na Ilha de Moçambique, as quais seriam concluídas em 1970, com a inauguração do troço Cuamba-Entrelagos[79].

[78] António Gomes de Jesus Neto, *op. cit.*, p. 20.
[79] António Gomes de Jesus Neto, *op. cit.*, p. 21.

3.
Modelos de exploração relevantes

Guilherme W. d'Oliveira Martins
Duarte Valido Viegas

A matéria atinente à exploração da rede ferroviária em Portugal encontra-se, grosso modo, sediada na, já "velhinha", mas ainda em vigor, LBSTT, aprovada pela Lei n.º 10/90, de 17 de março[80], bem como no

[80] No artigo 10, n.º 1 da LBSTT, a fórmula "rede ferroviária nacional" surge caraterizada como o conjunto de "linhas e ramais de interesse público, que constituem bens do domínio público do Estado", a definir no Plano Ferroviário Nacional. Atualmente, esta rede possui uma extensão de 3.621,6 km; todavia, somente 2.526 km se encontram sob exploração: 1.916 km em via única, e 610 km em via múltipla – *vide, site* da IP, o qual pode ser consultado aqui: https://www.infraestruturas-deportugal.pt/pt-pt/infraestruturas/rede-ferroviaria.
É o Diretório da Rede, cuja publicação anual é obrigatória, que especifica as caraterísticas da rede ferroviária nacional, bem como as condições genéricas destinadas à aquisição, na mesma, de capacidade e dos serviços inerentes. O Diretório da Rede enuncia, ainda, as condições de acesso dos operadores ferroviários às infraestruturas da rede ferroviária nacional, densifica os serviços que a IP presta às empresas de transporte ferroviário que nela pretendam operar e divulga

RJBPF, aprovado pelo Decreto-Lei n.º 276/2003, de 4 de novembro. Sobre esta matéria, o n.º 1 do artigo 13.º da LBSTT estabelece que "[a] organização e exploração dos transportes na rede ferroviária constitui um serviço público", e deve ser assegurada "em regime de concessão[81] ou delegação [de competências][82 83]". Como é sabido, atualmente a exploração das infraestruturas da rede ferroviária nacional, por delegação

os princípios de tarifação e o tarifário. Sucintamente, e em conformidade com os normativos inscritos no Decreto-Lei nº217/2015, de 7 de outubro e no Decreto-Lei nº 270/2003, de 28 de outubro, republicado pelo Decreto-Lei nº 151/2014, de 13 de outubro (na parte mantida em vigor pelo Decreto-Lei nº 217/2015, de 7 de outubro), o Diretório da Rede visa fornecer às empresas de transporte ferroviário e a outros candidatos as informações de que estes necessitam para o acesso e utilização das infraestruturas da rede ferroviária nacional.

[81] No presente escrito, tomaremos por referência a definição de concessão oferecida por DIOGO FREITAS DO AMARAL: "ato pelo qual um órgão da Administração transfere para uma entidade privada o exercício de uma atividade pública, que o concessionário desempenhará por sua conta e risco, mas no interesse geral", *in Curso de Direito Administrativo,* Vol.II, 4.ª Edição, Almedina, 2020, p. 240.

[82] A matéria da delegação de competências encontra a sua sede legal no artigo 44.º do Código de Procedimento Administrativo. Densificando o conceito de delegação, DIOGO FREITAS DO AMARAL refere que esta é o "ato pelo qual um órgão da Administração, normalmente competente para decidir em determinada matéria, permite, de acordo com a lei, que outro órgão ou agente pratiquem atos administrativos sobre a mesma matéria" – *vide Curso de Direito Administrativo,* Vol.II, ob. cit., p. 241.

[83] A propósito da distinção entre concessão e delegação, DIOGO FREITAS DO AMARAL aduz que, embora ambas as figuras correspondam a um "acto translactivo, e de duração em regra limitado", a concessão difere da delegação, uma vez que o destinatário desta é um órgão ou agente da Administração, ao passo que o destinatário daquela é, em regra, uma entidade privada, *in Curso de Direito Administrativo,* Vol. I., Almedina, 3.ª Edição, Almedina, 2011, p. 841.

de competências do Estado Português, pertence, exclusivamente, à IP[84] [85].

Apesar do que antecede, no que concerne à exploração de linhas, troços de linha ou ramais que não integrem a RFN, o legislador consagrou a possibilidade de essa exploração vir a ser realizada por (i) entidades públicas – *maxime*, por autarquias locais – ou por empresas criadas por estas, bem como por (ii) empresas eminentemente privadas ou que não sejam maioritariamente constituídas por capitais públicos. O pressuposto incindível desta previsão é, pois, a desclassificação prévia de linhas, troços de linha ou ramais da RFN, as(os) quais, não obstante permanecerem na esfera do domínio público

[84] Em 1997, por via do Decreto-Lei n.º 104/97, de 29 de abril, foi criada a REFER com o fito de assegurar a prestação do serviço público de gestão da infraestrutura integrante da rede ferroviária nacional. Todavia, em 2015, esta empresa foi fundida com a EP – Estradas de Portugal (o concessionário geral da rede rodoviária nacional, até esse ano); dessa fusão, operada pelo Decreto-Lei nº 91/2015, de 29 de maio, resultou uma única empresa, a IP, a qual passou a ser responsável pela organização e gestão das redes de infraestruturas ferroviária e rodoviária.

[85] Em 11 de março de 2016, a IP e o Estado Português celebraram o Contrato Programa para o setor ferroviário. Neste contrato, foram definidas e reguladas as obrigações da IP, no que concerne à prestação do serviço público de gestão da infraestrutura da rede ferroviária nacional, para o período compreendido entre 01/01/2016 e 31/12/2020, assim como matéria relativa às compensações a pagar pelo Estado Português. Finalmente, a Resolução do Conselho de Ministros n.º 104/2021, de 29 de julho de 2021, aprovou a prorrogação da vigência do Contrato Programa para o setor ferroviário, por um período de mais seis meses, *i.e.*, até 31 de dezembro de 2021.

ferroviário[86], deixam definitivamente de o integrar. É neste sentido que o n.º 2 do artigo 12.º da LBSTT permite que a entidade responsável pela exploração da infraestrutura ferroviária proponha a desclassificação de linhas, troços de linhas ou ramais: a desclassificação consubstancia, nesta medida, *conditio sine qua non* inicial da exploração das infraestruturas afetas ao domínio público ferroviário, por entidades públicas ou privadas.

3.1. Exploração por entidades públicas

No que concretamente respeita à exploração por entidades públicas, ou por empresas criadas por estas para levar a cabo essa exploração, o legislador estabeleceu um requisito formal: é necessária a celebração prévia de um contrato de subdelegação de poderes entre a IP e a entidade pública interessada na exploração (n.º 2 do artigo 13.º da LBSTT). Acresce que esta exploração somente será permitida caso exista um "interesse regional ou local, ou razões de especificidade tecnológica" que o justifiquem, e respeitadas

[86] Note-se que o conceito de desclassificação é distinto de desafectação. No primeiro caso, as infraestruturas desclassificadas permanecem, em regra, no domínio público ferroviário; já no segundo as infraestruturas, deixam de o integrar. Neste sentido, veja-se o disposto na alínea b) do n.º 1 do artigo 1.º do RJBPF. Para a apreensão dos sobreditos conceitos, veja-se Marco Capitão Ferreira e Jorge Pação, *Comentário ao artigo 17º*, *in* João Miranda [et. al.] – *Comentário ao Regime Jurídico do Património Imobiliário Público: Domínio público e domínio privado da administração*, Almedina, Coimbra, 2017, pp. 107-114.

que sejam as regras a definir em regulamento próprio para o efeito (n.º 4 do artigo 12.º e n.ºs 2 e 3 do artigo 13.º da LBSTT)[87]. Estes normativos conciliam-se, aliás, com a regra ínsita na alínea ee) do n.º 1 do artigo 33.º do Regime Jurídico das Autarquias Locais, aprovado pela Lei n.º 75/2013, de 12 de setembro, a qual dispõe que as Câmaras Municipais possuem competência para "criar, construir e gerir instalações, equipamentos, serviços, redes de circulação, de transportes, de energia, de distribuição de bens e recursos físicos integrados no património do município ou colocados, por lei, sob administração municipal"[88].

Atualmente, a CP é a entidade responsável pelo transporte ferroviário na RFN, a qual tem como único limite a concessão da FERTAGUS[89], o que resulta designadamente do nº 1 do artigo 4.º do Decreto-Lei n. º137-A/2009, de de 12/6, onde se lê:

> *"A CP, E. P. E., tem por objeto principal a prestação de serviços de transporte ferroviário de passageiros e de mercadorias em linhas férreas, troços de linha e ramais que integram ou venham a integrar a rede ferroviária nacional."*

[87] Esta fórmula, de conteúdo aparentemente estrito, reconduz-se, no essencial, ao princípio da prossecução do interesse público (artigo 266.º da CRP e 4.º do CPA).

[88] Como, de resto, assinala Luís Miguel Pereira Farinha, *in A gestão das infraestruturas dos transportes terrestres*, disponível na *Revista Eletrónica de Direito Público*, a qual pode ser consultada aqui: https://www.e-publica.pt/volumes/v5n1a07.html.

[89] Constante do Decreto-Lei n.º 78/2005, de 13 de abril.

Este Decreto-Lei, no seu artigo 6.º, consagra o enquadramento que permite a contratualização dos serviços de transporte público ferroviário de passageiros prestados pela CP, estabelecendo-se que o respetivo instrumento contratual deve incluir disposições específicas sobre os serviços relativamente aos quais se justifica a existência de obrigações de serviço público. Este princípio já se encontra consagrado na LBSTT, quanto à exploração do transporte ferroviário, bem como nos artigos 23º e 24º, do RJSPTP, aprovado pela Lei n.º 52/2015, de 9 de junho.

No respeito pelas orientações estratégicas e sectoriais, pelos objetivos financeiros e pelas restrições orçamentais em vigor em cada ano, compete exclusivamente ao Membro do Governo responsável pelo setor de atividade, designadamente: (i) emitir as orientações específicas de cariz sectorial; (ii) definir os objetivos a alcançar pela CP no exercício da respetiva atividade operacional; (iii) definir o nível de serviço público a prestar pela empresa e promover as diligências necessárias para a respetiva contratualização.

Nos termos do artigo 48.º do RJSPTP, a CP tem a obrigação de:

> *"[...]elaborar e apresentar ao titular da função acionista e ao membro do Governo responsável pelo respetivo setor de atividade, proposta de contratualização da prestação do serviço público que presta, associando metas quantitativas a custos permanentemente auditáveis, modelo de financiamento,*

prevendo penalizações em caso de incumprimento e critérios de avaliação e revisão contratuais[...]".

As propostas a apresentar devem integrar parâmetros que permitam garantir níveis adequados de satisfação dos clientes, pelo que, ao abrigo desta disposição, a CP deve celebrar, obrigatoriamente, com a autoridade pública que lhe tenha confiado a prestação desse serviço, contrato respeitante à remuneração da atividade prosseguida, em conformidade com o disposto no Decreto-Lei n.º 167/2008, de 26 de agosto, adotando metodologias que lhe permita melhorar continuamente a qualidade do serviço prestado e o grau de satisfação dos clientes.

A CP opera em todo o território nacional – com exceção do tráfego ferroviário de passageiros entre a estação de Roma-Areeiro e a estação de Setúbal, numa extensão de 54 km, o qual é operado pela FERTAGUS[90].

A CP detém competências técnicas, bem como ativos materiais, humanos e infraestruturais de apoio à operação.

Na área da manutenção ferroviária pesada, a CP incorporou a EMEF[91] e desenvolve a sua atividade

[90] Adjudicatária no concurso público internacional regulado pela Portaria n.º 565-A/97, de 28 de julho, concessão essa renegociada em 2005, e prorrogada até 30 de setembro de 2024, conforme decorre do Decreto-Lei n.º 78/2005, de 13 de abril, alterado recentemente pelo Decreto-Lei n.º 174-A/2019, de 18 de dezembro.

[91] Pelo Decreto-Lei n.º 174-B/2019, de 26 de dezembro.

nesta área de atuação, detendo mão-de-obra qualificada para o desempenho desta atividade (grande reparação, modernização, reabilitação de material circulante ferroviário e reacondicionamento dos respetivos componentes e equipamentos).

A CP possui licenças para operar, garantindo a prestação de serviço de transporte ferroviário de passageiros internacional e nacional, é detentora do certificado de segurança, partes A e B, válido até 31 de agosto de 2021 e tem aprovado o seu Sistema de Gestão da Segurança pelo IMT. A alínea j) do artigo 2.º, do Regulamento EU n.º 1370/2007, alterado pelo Regulamento UE 2016/2338, bem como a alínea k),do artigo 3.º da Lei n.º 52/2015, de 9 de junho, definem o conceito de "operador interno" como "...uma entidade juridicamente distinta sobre a qual a autoridade competente exerce um controlo análogo ao que exerce sobre os seus próprios serviços".

3.2. Exploração por entidades privadas

Relativamente à exploração das infraestruturas desclassificadas da RFN, mas pertencentes ao domínio público ferroviário, por parte de empresas privadas – ou por empresas que não sejam maioritariamente constituídas por participações públicas[92] –,o legislador português consagrou duas formas (ou, na terminologia da lei, "dois títulos de utilização

[92] N.º 3 do artigo 28.º do RJBPF, *a contrario sensu*.

privativa"[93]) para a levar a cabo: mediante (i) atribuição de uma licença ou (ii) celebração de um contrato de concessão[94] (de uso privativo, parcial ou integral, cfr. o n.º 1 do artigo 28.º do RJBDF[95] [96]). Neste contrato, as partes devem definir o seu prazo de vigência; os valores devidos pelo concessionário; as condições técnicas e jurídicas; bem como o regime de penalização em caso de incumprimento, "incluindo os pressupostos do resgate e do sequestro da concessão", designadamente quanto "à compatibilização da concessão com a exploração ferroviária e os termos da autorização prévia para a transmissão do direito" (n.º 2 do artigo 28.º do RJBPF)[97]. Uma vez que o

[93] Artigo 27.º, do Regime Jurídico do Património Imobiliário Público (doravante, "RJPIP"), aprovado pelo Decreto-Lei n.º 280/2007, de 07 de agosto.

[94] De acordo com o disposto no artigo 27.º do RJPIP, "[o]s particulares podem adquirir direitos de uso privativo do domínio público por licença ou concessão".

[95] Cuja conjugação com o disposto no artigo 30.º do RJPIP se revela imperiosa.
De forma a evitar uma revogação implícita do Decreto n.º 11928, de 21 de julho de 1926, por via da aplicação do disposto na 2.ª parte do n.º 2 do artigo 7.º do Código Civil, o RJBPF estabelece, expressamente, que as concessões realizadas pelas administrações dos caminhos-de-ferro relativas a terrenos ou edifícios integrantes das respetivas estações não são "abrangidas pelas disposições de quaisquer diplomas que regulam o contrato de arrendamento, quer de prédios rústicos, quer de prédios urbanos" (artigo 39.º).

[96] Sem prejuízo do disposto nos n.ºs 3 e 4 do artigo 28.º do RJBPF.

[97] Note-se que, de acordo com o disposto no n.º 1 do artigo 29.º do RJBDF, o regime decorrente da concessão de uso privativo é igualmente aplicável à utilização do espaço aéreo e do subsolo das vias férreas e dos edifícios.

RJBPF é omisso quanto à densificação do interesse subjacente à concessão de uso privativo – diferentemente da LBSTT, que, como vimos, exige que a exploração das linhas, dos troços de linha e dos ramais seja efetuada "por motivos de interesse regional ou local, ou por razões de especificidade tecnológica" (n.º 3 do artigo 13.º); i.e., eminentemente por razões de interesse público –, poderia indagar-se acerca da *ratio essendi* deste tipo de concessão. Poderá o fim distanciar-se da prossecução do interesse público? Não cremos, naturalmente, que assim seja. Conforme assinala Ana Gouveia Martins, que acompanhamos, "nestes casos, estará sempre em causa um uso para fins de interesse público, mas para um fim de interesse público diverso daquele que justificou a submissão de um determinado bem ao estatuto da dominialidade"[98].

Em relação às licenças, como título de utilização privativa do domínio público, o legislador prevê que se destinem a atravessamento, bem como à abertura e utilização de acessos às estações e suas dependências, as quais revestem carácter precário (artigo 23.º do RJBPF)[99].

[98] *As licenças e concessões de utilização privativa do domínio público como um instrumento de rentabilização e valorização dos bens dominiais, in* Revista Eletrónica de Direito Público, a qual pode ser consultada aqui: https://www.e-publica.pt/volumes/v5n1a05.html.

[99] A 1.ª parte do n.º 1 do artigo 23.º do RJBPF faz também menção à atribuição de autorizações para trânsito.

4.
Portugal

Guilherme W. d'Oliveira Martins

4.1. Enquadramento e impacto do novo contrato de serviço público no direito ferroviário nacional

Em 28 de novembro de 2019 foi assinado o contrato de serviço público pelo ajuste direto do OI, passando o Estado a ter condições contratuais para exigir à CP o cumprimento de indicadores de serviço, fixados para os próximos 10 anos[100].

O prazo contratual de 10 anos, suscetível de prorrogação por mais 5, justifica-se em função da perspetiva de aquisição de ativos significativos afetos à prestação do serviço, o que é permitido nos termos

[100] Para mais desenvolvimentos consultar OLIVEIRA MARTINS, GUILHERME WALDEMAR, "Direito dos transportes ferroviários em Portugal à luz do novo contrato de serviço público"; Temas de Direito dos Transportes V, 2020, Coimbra: Almedina, págs. 329 – 360.

do n.º 4 do artigo 4.º do Regulamento UE 1370/2007, caso essa aquisição se verifique.

O contrato abrange todos os serviços ferroviários: Urbano, Regional e Longo Curso.

Em contrapartida, o Estado assume o compromisso de proceder ao pagamento de compensações à CP, no montante que vier a ser apurado anualmente, conforme veremos *infra*.

4.2. Os pacotes ferroviários: da separação entre infraestrutura e operação à liberalização do transporte ferroviário de passageiros

As diretivas comunitárias de 1991 e de 1995 foram os pilares para a definição de regras de reestruturação do setor ferroviário. Na Diretiva 91/440/CEE do Conselho, de 29 de julho, relativa ao desenvolvimento dos caminhos-de-ferro comunitários, destaca-se a obrigatoriedade da separação, no plano contabilístico, das atividades de gestão da infraestrutura e de operação do transporte. Por sua vez, a Diretiva 95/18/CE do Conselho, de 19 de junho, relativa às licenças das empresas de transporte ferroviário, estabelece, quanto à operação, a obrigatoriedade de emissão de licenças para os operadores ferroviários nacionais e internacionais, estabelecendo critérios para a sua atribuição e a Diretiva 95/19/CE do Conselho, de 19 de junho, relativa à repartição das capacidades de infraestrutura ferroviária e à cobrança de taxas pela sua utilização, estabelece regras para ambas as situações visadas. Entre 2001 e 2016 foram adotados quatro "pacotes ferroviários" (conjuntos de Diretivas e de Regulamentos comunitários), com o objetivo de abrir gradualmente os mercados de serviços de transporte ferroviário à concorrência e definir condições-quadro adequadas ao desenvolvimento do espaço ferroviário europeu único. O designado primeiro pacote ferroviário surge em 2001 e integra três diretivas[101], nas quais são definidas regras de tarifação da infraestrutura e de atribuição de capacidade e disposições comuns sobre licenciamento de empresas ferroviárias.

O segundo pacote ferroviário, em 2004, composto por três Diretivas e um Regulamento[102], visa completar a liberalização preconizada na política de transportes, consagrando a liberdade de acesso à rede transeuropeia de transporte ferroviário e a liberalização do transporte ferroviário de mercadorias em 2007 e alterando as Diretivas do primeiro pacote ferroviário, nomeadamente nas questões de interoperabilidade e de segurança. O Regulamento

[101] Diretiva 2001/12/CE, Diretiva 2001/13/CE e Diretiva 2001/14/CE, do Parlamento Europeu e do Conselho, de 26 de fevereiro, transpostas para o ordenamento jurídico português através do Decreto-Lei n.º 270/2003, de 28 de outubro.

[102] Diretivas do Parlamento Europeu e do Conselho, de 29 de abril de 2004: Diretiva 2004/49/CE, relativa à segurança dos caminhos de ferro; Diretiva 2004/50/CE, relativa à interoperabilidade; Diretiva 2004/51/CE, relativa ao desenvolvimento dos caminhos de ferro comunitários; e Regulamento (CE) nº 881/2004, do Parlamento Europeu e do Conselho, de 29 de abril, que institui a AEF.

institui a AFE, organismo especializado criado para a prossecução dos objetivos definidos.

O terceiro pacote ferroviário, em 2007, integra duas Diretivas[103] e dois Regulamentos[104], visa a liberalização do transporte ferroviário de passageiros em 2010, o aumento da concorrência nos tráfegos nacionais e internacionais e introduz normas comuns de certificação europeia de maquinistas. Reforça os direitos dos passageiros e estabelece regulamentação relativa a serviços públicos de transporte ferroviário.

Em 2012 é reformulado o primeiro pacote ferroviário, com a publicação da Diretiva 2012/34/EU, de 21 de novembro, que estabelece um espaço ferroviário europeu único[105]. Surge com o objetivo de ser um estímulo à concorrência, prevendo uma maior transparência em termos de condições de acesso ao mercado, uma clara separação das contas e a independência e o reforço das entidades reguladoras nacionais.

[103] Diretivas do Parlamento Europeu e do Conselho, de 23 de outubro: Diretiva 2007/58/CE, que altera a Diretiva 91/440/CEE do Conselho relativa ao desenvolvimento dos caminhos de ferro comunitários e a Diretiva 2001/14/CE relativa à repartição da capacidade da Infraestrutura ferroviária e à aplicação de taxas de utilização; e Diretiva 2007/59/CE relativa à certificação europeia de maquinistas.

[104] Regulamentos do Parlamento Europeu e do Conselho, de 23 de outubro: Regulamento (CE) n.º1370/2007, relativo aos serviços públicos de transporte ferroviário e rodoviário de passageiros e que revoga os Regulamentos (CEE) nº 1191/69 e nº 1107/70 do Conselho; Regulamento (CE) nº 1371/2007 relativo aos direitos e obrigações dos passageiros dos serviços ferroviários.

[105] Substituindo e revogando as diretivas 91/440/CEE e 95/18/CE e 2001/14/CE.

O quarto pacote ferroviário, de 2016, integra três Diretivas[106] e três Regulamentos[107], que visam revitalizar o setor ferroviário, prestar um serviço de melhor qualidade e oferecer mais opções aos passageiros. Neste pacote é criada a AFUE, que substitui e sucede à AFE, alterando as suas responsabilidades. Estas Diretivas englobam, igualmente, atualizações à legislação em vigor relativa à interoperabilidade, à segurança ferroviária e à certificação de maquinistas. No plano económico, também designado pilar do mercado, prevê a adjudicação de contratos de serviço público para a prestação de transporte ferroviário de passageiros, estabelece novos requisitos destinados a garantir a independência do gestor de infraestrutura e altera as regras comuns para a normalização de contas das empresas de caminho de ferro. O quarto pacote ferroviário

[106] Diretivas do Parlamento Europeu e do Conselho – Diretiva UE 2016/797, de 11 de maio, relativa à interoperabilidade (reformulação da Diretiva 2008/57/CE); Diretiva UE 2016/798, de 11 de maio, relativa à segurança que revoga a Diretiva 2004/49/CE; Diretiva UE 2016/2370, de 14 de dezembro, que altera a Diretiva 2012/34/UE, relativa à abertura do mercado de serviços nacionais de transporte de passageiros por caminho de ferro e da gestão da infraestrutura ferroviária.

[107] Regulamentos do Parlamento Europeu e do Conselho – Regulamento UE 2016/796, de 11 de maio, relativo a alterações às responsabilidades da AFE e que revoga a Diretiva 2004/49/CE; Regulamento UE 2106/2338, de 14 de dezembro, que altera o Regulamento (CE) 1370/2007 no que respeita à abertura do mercado nacional de serviços de transporte ferroviário de passageiros; Regulamento UE 2016/2337, de 14 de dezembro, que revoga o Regulamento (CEE) 1192/69, relativo às regras comuns para a normalização de contas das empresas de caminho de ferro.

estabelece a liberalização no transporte ferroviário de passageiros de âmbito nacional, adicionalmente à anterior liberalização do transporte de mercadorias e do transporte internacional de passageiros.

Os anteriores "pacotes ferroviários" foram acomodados na ordem jurídica nacional, diretamente ou através de Decretos-lei.

Também agora, a plena implementação das diretrizes europeias depende de intervenção legislativa. Para além da necessária transposição, a intervenção legislativa confere igualmente um referencial claro de atuação dos diversos atores do Ecossistema Ferroviário (incluindo a construção de "balizas seguras" para a necessária e urgente contratualização entre o Estado e a CP, o seu OI).

De notar que o Decreto-Lei n.º 124-A/2018, de 31 de dezembro, inclui, para além da transposição da Diretiva 2016/2370 (Diretiva Governança, do "Pilar Mercado" do quarto pacote ferroviário, cujo prazo de transposição terminou a 25 de dezembro de 2018), um conjunto de alterações a outros diplomas relacionados com a ferrovia, a saber:

a) Segunda alteração ao Decreto-Lei n.º 58/2008, de 26 de março (alterado já pelo Decreto-Lei n.º 35/2015, de 6 de março), que aprova o regime do contrato de transporte ferroviário e regula a matéria de direitos dos passageiros no transporte ferroviário;

b) Segunda alteração ao Decreto-Lei n.º 137-A/2009, de 12 de junho (anteriormente alterado pelo Decreto-Lei n.º 59/2012, de 14 de março), que aprova os Estatutos da CP, EPE;
c) Primeira alteração ao Decreto-Lei n.º 217/2015, de 7 de outubro, que procede à transposição da Diretiva 2016/2370;
d) Revogação do n.º 3 do Artigo 6.º do Decreto--Lei n.º 91/2015, de 29 de outubro, que aprova os Estatutos da IP, SA.

À luz do direito europeu, os serviços de interesse económico geral, pela sua relevância no funcionamento normal da economia e na vida dos cidadãos, devem respeitar certas condições essenciais (como continuidade, qualidade, segurança no abastecimento, igualdade no acesso, preço razoável e aceitabilidade social, cultural e ambiental), devendo ser ininterruptamente garantidos aos cidadãos a partir do momento em que são colocados ao seu dispor.

São serviços que não dependem da “lei da oferta e da procura” porque fazem parte integrante da vida do consumidor. Logo, fundamentam, por definição, a aplicação de OSP e maiores limitações, como sejam a exclusividade e maior intervenção do Estado.

A CP é um OI – enquanto tal configurar a opção de política pública do Estado, no âmbito da legitimidade que lhe é conferida na escolha de entre os vários “modelos” de provisão de serviços públicos de transporte de passageiros.

Essa conformação como OI permite, nos termos da legislação europeia aplicável, optar por um modelo de provisão *"in-house"*, que permite a "atribuição direta" desses serviços a esse operador ao invés da sua submissão ao mercado (através de procedimento concorrencial).

De notar que o quarto pacote ferroviário estabelece uma dicotomia entre:

a) o modelo de "concorrência regulada", que abrange os serviços de interesse económico geral (que devem ser conformados em contratos de serviço público, que regulam a atribuição de direitos exclusivos e/ou de compensações financeiras que sejam atribuídas em razão de OSP incorridas pelo OIN encarregue da prestação desses serviços);
b) o modelo da "liberalização" – livre acesso às infraestruturas ferroviárias nacionais por Operadores licenciados que o solicitem ao Gestor da Infraestrutura e que cumpram os demais requisitos aplicáveis para operação de serviços ferroviários de transporte de passageiros.

Esses regimes "cruzam-se" precisamente no ponto em que o referido livre acesso em modo liberalizado possa colidir com o equilíbrio económico de contratos de serviço público em vigor – daí que o novo "modelo" preveja a análise pelo Regulador desses pedidos de acesso, nessa ótica, de acordo com um "teste de equilíbrio económico" padronizado a nível europeu.

Assim, o cenário de "liberalização" pode ser "condicionado", tendo em conta este referencial de enquadramento. No entanto, para que o "modelo" possa funcionar é indispensável que o Estado celebre, com o seu OI (CP) um contrato de serviço público que defina claramente os serviços abrangidos e os que são sujeitos a OSP, podendo nesses casos ser "compensados" através da atribuição de direitos exclusivos e/ou compensações financeiras. De referir que a atribuição desse contrato deve ser notificada à Comissão Europeia no prazo de 1 ano após a adjudicação.

4.3. Gestão da infraestrutura integrante da RFN

Em 11 de março de 2016 foi celebrado, entre a IE e o Estado Português, o Contrato Programa para o setor ferroviário, que define e regula os termos e condições da prestação pela IE das obrigações de serviço público de gestão da infraestrutura integrante da RFN, para o período compreendido entre 1 de janeiro de 2016 e 21 de dezembro de 2020, bem como das indemnizações compensatórias decorrentes a pagar pelo Estado Português.

4.4. O novo OIN

A) Caracterização da CP e sua escolha como OI

Nos termos do nº 1 do artigo 5.º da Lei n.º 52/2015, de 9 de junho, o Estado é a "autoridade de transporte competente quanto ao serviço público de passageiros em modo ferroviário pesado".

A contratação da CP como OI foi uma opção tomada pelo Governo em Conselho de Ministros de 6 de dezembro de 2018 e está plasmada no Decreto-Lei n.º 124-A/2018, de 31 de dezembro.

Para que fosse dado integral cumprimento às diretrizes europeias conducentes à liberalização do setor ferroviário e ao enquadramento de serviços de interesse económico geral em contrato de serviço público, tendo em conta nomeadamente as opções de política pública relativas à CP, enquanto OI, foi considerado essencial que se procedesse à adaptação dos diplomas legais nacionais aplicáveis, e, fundamentalmente, a celebração do contrato de serviço público com a CP, tendo em conta os imperativos de transparência e objetividade na definição de OSP e de cálculo/pagamento de compensações e/ou atribuição de direitos exclusivos, conforme previsto na legislação nacional e europeia aplicável.

A CP é uma entidade pública empresarial com personalidade jurídica, dotada de autonomia administrativa e financeira e de património próprio, estando sujeita à tutela e superintendência dos membros do Governo responsáveis pelas áreas das finanças e dos transportes[108]/[112].

[108] Conforme decorre do Decreto-Lei n.º 137-A/2009, de 12 de junho, que aprovou os seus Estatutos, com as alterações que lhe foram intro-

B) O novo contrato de serviço público com a CP

"Obrigação de serviço público é a imposição definida ou determinada por uma autoridade de transportes, com vista a assegurar determinado serviço público de transporte de passageiros de interesse geral que um operador, caso considerasse o seu próprio interesse comercial, não assumiria, ou não assumiria na mesma medida ou nas mesmas condições, sem contrapartidas."[110]

a. Serviços abrangidos pelo contrato – serviços urbanos e eixos de mobilidade

duzidas pelo Decreto-Lei n.º 59/2012, de 14 de março e pelo Decreto-Lei n.º124–A/2018, de 31 de dezembro. A CP rege-se pelo Decreto-Lei acima indicado e seus Estatutos e pelo disposto no Decreto-Lei n.º 133/2013, de 3 de outubro, alterado pelas Leis n.º 75-A/2014, de 30 de setembro e n.º 42-A/2016, de 28 de dezembro, que estabelece o regime jurídico do setor público empresarial.

[109] O Conselho de Administração da CP é nomeado por Resolução do Conselho de Ministros, sob proposta dos membros responsáveis pelas áreas das finanças e dos transportes, nos termos do n.º 1 do artigo 6.ºdos Estatutos da CP. A CP, enquanto entidade pública empresarial, está sujeita às orientações estratégicas para as empresas públicas, correspondentes ao exercício da função política do Governo, que por Resolução do Conselho de Ministros define e aprova o conjunto de medidas ou diretrizes relevantes para o equilíbrio económico e financeiro do setor empresarial do Estado, cfr. resulta do artigo 24.º do Decreto-Lei n.º 133/2013.Deste regime resulta, em síntese, que cabe ao Governo a definição dos objetivos e resultados da CP a alcançar em cada ano e triénio, em especial, os económicos e financeiros, por Resolução do Conselho de Ministros ou por despacho do titular da função acionista.

[110] Lei 52/2015, de 9 de junho.

São considerados serviços de interesse económico geral, e consequentemente contratualizadas, as OSP neles prestadas, para os

a) serviços Urbanos/Suburbanos, Regionais e de Longo Curso, que são identificados, quer de forma isolada, em função da sua origem e destino:
   a. Lisboa;
   b. Porto;
   c. Coimbra.
b) quer numa perspetiva de serviços integrados por áreas geográficas, agrupados em vários Eixos de Mobilidade, a saber:
   a. Minho e Douro;
   b. Beiras;
   c. Lisboa-Porto/Braga/Guimarães;
   d. Vouga;
   e. Oeste;
   f. Leste;
   g. Alentejo;
   h. Sul.

Para cada tipo de serviço, as obrigações de serviço público consideradas são:

a) Para o serviço Urbano/Suburbano:
   a. Garantir tráfego pendular de casa/trabalho/escola entre as zonas da periferia e os centros das cidades;

   b. Garantir fortes fluxos de passageiros que justificam o modo pesado e que reduzem a poluição e o congestionamento rodoviário nas cidades;
   c. Oferta de frequência de serviço, principalmente nos períodos de ponta da manhã e da tarde;
   d. Proporcionar rapidez na mobilidade face a outros modos de transporte;
   e. Praticar tarifário a preços acessíveis.
- b) Para o serviço Regional
   a. Servir zonas com reduzida dimensão territorial ou com baixa densidade populacional;
   b. Garantir a coesão social e territorial;
   c. Garantir a continuidade dos serviços, pela ligação a outros tráfegos de Longo Curso (efeito de rede);
   d. Servir zonas onde a CP constitui a única alternativa de transporte público;
   e. Praticar tarifário a preços acessíveis;
   f. Disponibilizar bilhética integrada e tarifa a preços acessíveis entre os serviços Regionais e de Longo Curso.

Assim, os principais objetivos para a imposição de OSP aos operadores são a fixação de standards de continuidade, regularidade, preço e continuidade das obrigações, para além da garantia de oferta em períodos horários de baixa procura, podendo traduzir-se, nomeadamente, em obrigações tarifárias, frequência de serviço, imposição de início/termo de exploração e parâmetros de qualidade.

Há ainda especificidades quanto ao serviço Alfa Pendular, o qual se distingue do Intercidades pela maior rapidez, o menor número de paragens, o maior conforto, o tipo de serviços a bordo e o preço mais elevado. Relativamente a todo o serviço Alfa Pendular, quaisquer que sejam as suas paragens, a CP é livre de definir o tarifário e a sua política comercial, sendo que o serviço de Longo Curso não é objeto de compensação de OSP.

No entanto, dado o reconhecimento pelo Estado da necessidade da sua existência, bem como da sua articulação e complementaridade com os restantes serviços prestados na rede ferroviária nacional, figura no contrato de serviço público a obrigação da CP de realizar Serviços Alfa Pendular em determinados canais horários, o qual pode ser revisto por acordo entre as Partes.

b. Direitos e obrigações

Do contrato constam os direitos e as obrigações de cada uma das partes e as características do serviço público a prestar, seguindo a metodologia do n.º 1 do artigo 21.º da Lei n.º 52/2015, de 9 de junho, *ex vi* Regulamento UE 1370/2007.

O conteúdo do contrato contém uma clara definição das OSP e respetivas compensações financeiras, calculadas nos termos do Regulamento UE n.º 1370/2007, do RJSPTP e ainda do Decreto-Lei nº 167/2008, de 26 de agosto[111] e do artigo 24.º da citada Lei n.º 52/2015, de 9 de junho.

As compensações financeiras visam assegurar que a oferta dos serviços definidos no contrato seja financeiramente sustentável, tendo em vista a obtenção de um nível adequado de qualidade e de maior eficiência na gestão do serviço prestado, cuja metodologia e fórmula de cálculo veremos adiante.

Nos termos da regulamentação e da jurisprudência comunitárias, não se limitam a cobrir os custos incorridos com a prestação desse serviço, deduzidos das receitas geradas pelas atividades do mesmo e as receitas potenciais geradas na rede explorada, sendo acrescidas de um lucro razoável.

Por sua vez, quando o valor da compensação, calculado de acordo com a metodologia e a fórmula de cálculo, resultar num valor negativo, o valor absoluto do montante em causa é devido pela CP ao Estado.

O contrato e seus anexos detalham exaustivamente a cobertura espacial e temporal da oferta, os títulos e tarifas de transporte, assim como os parâmetros de qualidade do serviço a prestar e os investimentos a efetuar no curto, médio e longo prazos, os primeiros já aprovados pelo Estado e os outros já identificados pela CP, que serão oportunamente sujeitos aos procedimentos visando a sua aprovação.

[111] Alterado pela Lei 64/2013, de 27 de agosto.

O contrato contém um compromisso explícito da CP no sentido de:

a) Realizar o serviço público de transporte, respeitando os princípios do equilíbrio, da eficiência, da transparência e do rigor na gestão dos recursos públicos, de modo a assegurar a sustentabilidade económica e financeira da empresa;
b) Cumprir o programa de exploração, incluindo o primeiro e último comboio, as leis de paragem, os níveis de serviço e os parâmetros de qualidade acordados, que permitam a satisfação das necessidades dos clientes, entre as quais, as relacionadas com o transporte de PMR e com os passageiros com bicicleta;
c) Respeitar os parâmetros de qualidade indicados, estando sujeita a penalidades por incumprimento dos mesmos;
d) Assegurar as obrigações relativamente a:
    i) "Informação ao cliente"
    ii) "Fixação e divulgação de preços"
    iii) "Assistência e informação aos passageiros sobre os seus direitos"
    iv) "Segurança de pessoas e bens"
    v) "Prestação e condições do serviço para PMR[112], sem prejuízo da responsabilidade do GIF a esse respeito;

[112] Nos termos definidos no Decreto-Lei n.º 58/2008, de 26 de março, alterado pelos DecretosLei n.º 35/2015, de 6 de março e n.º 124-A/2018, de 31 de dezembro e o Regulamento (CE) n.º 1371/2007, do

e) Assumir, expressa, integral e exclusivamente a responsabilidade por todos os riscos inerentes à exploração dos Serviços Alfa Pendular, exceto quando o contrário resulte expressamente do contrato;
f) Cumprir o tarifário fixado no anexo IV, com as atualizações admitidas no contrato e com o decorrente da legislação em vigor, assim como efetuar a cobrança das tarifas devidas pela prestação dos serviços, bem como a fiscalização do cumprimento das obrigações dos utilizadores;
g) Assegurar, nos termos da legislação comunitária, a implementação de sistemas comuns de informação e bilhética integrada para a venda de bilhetes, de bilhetes únicos e de reservas, com outros operadores ferroviários, quando tal sistema for criado, sendo que os encargos inerentes serão considerados no apuramento das compensações nos termos da cláusula 5.ª do contrato;
h) Cumprir as regras legais e regulamentares aplicáveis às atividades que exerça, bem como as instruções, que nos termos da lei, lhe sejam transmitidas pelas entidades competentes;
i) Realizar anualmente inquéritos aos clientes para avaliação da satisfação dos mesmos relativamente aos serviços prestados;

Parlamento Europeu e do Conselho, de 23 de outubro, sem prejuízo das isenções a esse Regulamento constantes do artigo 4.º deste Decreto-Lei n.º 35/2015.

j) Recolher, tratar e apresentar ao Gestor do Contrato, à Autoridade de Transportes e à Autoridade Reguladora, os dados de tráfego e de exploração, conforme anexo XI, com periodicidade trimestral, cuja metodologia pode ser fiscalizada por quem o Estado mandate, pela Autoridade de Transportes, pela Autoridade Reguladora ou por entidade terceira por estes formalmente designada;
k) Organizar a informação financeira referente aos serviços, nos termos legais, de forma a poder ser auditada, mantendo uma contabilidade separada para cada Eixo de Mobilidade e para os serviços não integrados nos mesmos;
l) Utilizar critérios para a imputação de custos, quando os mesmos sejam repartidos por vários serviços ou linhas, em função de indicadores relevantes da atividade, tais como km percorridos, comboios-km, recursos humanos afetos, passageiro-km, cujas definições constam do anexo XI ao contrato;
m) Apresentar trimestralmente um relatório de gestão que permita a fiscalização e monitorização do contrato por parte das entidades competentes, disponibilizando-o ao Gestor do Contrato;
n) Disponibilizar recursos humanos, em número e qualificação, para a realização da prestação dos serviços objeto do contrato e a manter a sua frota de material circulante e os restantes

meios de exploração em níveis de operacionalidade elevados compatíveis com uma exploração eficiente;

o) Ser responsável pelos prejuízos causados a terceiros, por ação ou omissão, no exercício das atividades inerentes à prestação objeto do contrato, ainda que emergentes de atuação não culposa, nos termos gerais de direito, sejam eles causados pelos seus colaboradores ou por entidade terceira, singular ou coletiva, por si contratada.

Ressalva-se, todavia, que parte das prestações da CP e a própria satisfação dos clientes estão condicionadas à qualidade da prestação de serviço do GIF, quer no que concerne à disponibilidade e fiabilidade da infraestrutura, quer em todos os serviços que lhe cabe prestar nas estações diretamente aos clientes (iluminação, limpeza das estações, segurança, informação ao público, manutenção de escadas rolantes e elevadores, acessibilidades ao comboio a PMR, etc.).

Apesar de prevista na lei, nomeadamente no artigo 28.º do Decreto-Lei n.º 217/2015, de 7 de outubro, ainda não existe a desejável contratualização com o GIF das várias matérias relevantes para o relacionamento entre as empresas e que responsabilize devidamente as partes pelo eventual cumprimento defeituoso ou incompleto das suas obrigações, não obstante a Recomendação de 10 de setembro de 2009, da Unidade de Regulação Ferroviária do ex-IMTT e das propostas já formalizadas pela CP, que são do conhecimento do regulador.

C. Direitos exclusivos

Tendo em vista uma exploração mais eficiente dos seus recursos, diminuir a compensação financeira do Estado e permitir concretizar, na sua plenitude, o efeito de rede, com evidentes ganhos para os passageiros ferroviários, ao permitir uma compatibilização na oferta dos vários serviços e a integração tarifária, o contrato prevê a concessão de direitos exclusivos à CP, o que inclui o direito de embarque e de desembarque em todas as estações e apeadeiros servidos pela prestação dos serviços contratualizados, com exceção dos serviços de Longo Curso que apenas efetuem paragem nas cidades que sejam capital de distrito.

Tal regime permite equilibrar, otimizar e criar economias de escala na exploração da totalidade da rede ferroviária, ficando apenas excluídos deste regime os direitos exclusivos conferidos pela lei ao outro operador ferroviário (a FERTAGUS, à data da entrada em vigor do contrato).

Este modelo de organização e exploração maximiza a garantia de ininterruptibilidade na prestação do serviço, minimizando o risco de incumprimento, e garante os níveis de qualidade do serviço prestado.

O regime de concessão de direitos exclusivos está previsto na alínea h) do n.º 1 do artigo 21.º da Lei n.º 52/2015, de 9 de junho, exigindo, quer esse artigo, quer o artigo 4.º do Regulamento UE n.º 1370/2007, que essa condição conste obrigatoriamente do contrato e seja publicitada.

Do ponto de vista doutrinal, a nível europeu, existe o entendimento de que a concessão dos direitos exclusivos não deve ultrapassar o prazo necessário à amortização dos investimentos e a uma remuneração razoável dos capitais investidos pelo operador.

O prazo de amortização do material circulante que a CP irá adquirir e que será afeto aos serviços objeto do contrato de serviço público é de 30 anos. No entanto, dadas as atuais restrições legais, o prazo do contrato, considerando a possibilidade da sua prorrogação, é no máximo de 15 anos. Sendo a duração do presente contrato insuficiente para assegurar a amortização dos investimentos, é perfeitamente justificável a concessão de direitos exclusivos relativamente a todos os serviços públicos objeto do contrato, para minimizar essa situação de desfavor da CP.

Acresce que existe todo um conjunto de outros investimentos relevantes que importa levar em linha de conta que se encontram devidamente descritos no anexo V e que impactam de forma decisiva a prestação do serviço público previsto no contrato, garantindo a linha de continuidade do nível elevado de qualidade do e no serviço prestado.

Realça-se, ainda, que grande parte dos serviços objeto do contrato estão sujeitos a preços regulados, pelo que a atividade comercial da CP está, por isso, condicionada *ab initio* não lhe sendo concedida a liberdade comercial para fixação de preços, não estando, no entanto, colocados em causa os direitos dos cidadãos no acesso ao transporte.

Relativamente aos restantes serviços Regionais e aos serviços de Longo Curso, também objeto do contrato de serviço público, existe uma forte concorrência intermodal, o que obriga a CP a colocar em prática uma política comercial tendente a captar fluxos de outros modos de transporte, in casu o autocarro e o avião.

Por isso, a aquisição simultânea por parte do passageiro de dois serviços diferentes à CP tem atualmente um preço menor do que o que resultaria da soma unitária das respetivas parcelas, conforme demonstrado e que se propõe seja mantido.

Como acima foi referido, Portugal é um país periférico, de dimensão e rede ferroviária reduzidas, associado ao isolamento da sua rede ferroviária, de bitola ibérica, diferente da bitola padrão europeia, o que torna menos atrativa a exploração da totalidade do serviço ferroviário de passageiros. Sendo benéfico para as populações a compatibilização dos horários dos vários serviços e a integração tarifária, e sendo também essencial para a rentabilização da exploração o efeito de escala, crê-se ser vantajoso para aquelas e para o erário público a proposta contratual com OSP, abrangendo uma tipologia de serviços variada (Suburbano/Regional/Longo Curso), com cadências, velocidades e níveis de conforto diferenciados, tal como está delineada.

Contratos de prestação de serviço público ferroviário que preveem obrigações de serviço público relativamente a várias tipologias de serviços são usuais na União Europeia. Aliás, existem em França contratos de serviço público, de âmbito regional, que inclusivamente incluem ligações ferroviárias em alta velocidade, através dos serviços denominados TER-GV, que são os TGV financiados pelas Regiões, por ex., nos trajetos Dijon-Besançon (97km) e Metz-Strasbourg (128km)[113].

d. Compensação por obrigações de serviço público

As compensações financeiras visam assegurar que a oferta dos serviços definidos no contrato seja financeiramente sustentável, tendo em vista a obtenção de um nível adequado de qualidade do serviço prestado e de maior eficiência na sua gestão.

Assim, nos termos da regulamentação e da jurisprudência comunitárias, não se limitam a cobrir os custos incorridos com a prestação desse serviço, deduzidos das receitas geradas pelas atividades do mesmo e as receitas potenciais geradas na rede explorada, sendo acrescidas de um lucro razoável.

[113] Fonte: www.arafer.fr/wp-content/uploads/2018/03/ouverture-concurrence_transport-ferroviaire-partie4.pdf

A compensação pelo cumprimento das OSP constantes do contrato tem presente a conjugação das seguintes condições:

a) No que concerne à receita, prevê-se que totalidade da receita ligada à venda de títulos de transporte seja propriedade da CP, salvo:
    a. Nas situações em que haja repartição com outros operadores, e
    b. Nas situações em que haja decisão do Estado, relativamente a novos títulos, dirigida à generalidade dos operadores, que determine alteração da titularidade da receita, situação essa em que será adotado o regime legal respetivo e dará direito a retificação da compensação;
b) Caber em exclusivo à CP a prestação do serviço público de transporte ferroviário de passageiros, o que inclui o direito de embarque e de desembarque em todas as estações e apeadeiros servidos pela prestação destes serviços, com exceção dos serviços de Longo Curso que apenas efetuem paragem nas cidades que sejam capital de distrito e dos direitos exclusivos conferidos pela lei à FERTAGUS à data da entrada em vigor do contrato;
c) Manutenção das atuais condições de utilização e exploração relativas ao estabelecimento de concessão CP, de acordo com o Despacho Conjunto nº 261/99, de 5 de março, do Secre-

tário de Estado do Tesouro e Finanças e do Secretário de Estado dos Transportes;

d) Recebimento da compensação financeira pelas obrigações de serviço público calculada nos termos do artigo 24.º da Lei 52/2015, de ???, e do Regulamento CE n.º 1370/2007, e seu anexo, segundo a metodologia e fórmula de cálculo, detalhada infra;

A compensação acima referida inclui um lucro razoável que se considerou ser de 5%, em função do risco a suportar pela CP e tendo presentes outros exemplos europeus em contratos da mesma natureza.

A não verificação de alguma destas condições põe em causa o equilíbrio económico-financeiro do contrato e a sustentabilidade do serviço.

A Compensação, para cada Serviço ou Eixo de Mobilidade, é calculada de acordo com a seguinte fórmula:

Compensaçãon,t=Gastosn,t-[Rendimentosn, t×(1-LR)]

em que:

Compensaçãon,t – é a Compensação devida pelo Serviço ou Eixo de Mobilidade n referente ao ano t;

Gastosn,t – são os gastos, diretos, indiretos e comuns, imputados ao Serviço ou Eixo de Mobilidade n, admitidos no ano t;

Rendimentosn,t – são os rendimentos, diretos, indiretos e comuns, imputados ao Serviço ou Eixo de Mobilidade n, no ano t;

LR – é o Lucro Razoável com o valor fixado no Contrato.

Para efeitos do apuramento da Compensação, o montante de Gastos admitido em cada ano será limitado por um Fator de Eficiência de acordo com a seguinte fórmula:

Gastosn,t = Gastos exógenosn,t + min[GOn,t;GOn, t-1×(1+ΔCKn,t-1,t)×(1+ΔIPCt-1,t×(1-Fator X))]

em que:

t ≥ 2020

Gastosn,t – são os Gastos, imputados ao Serviço ou Eixo de Mobilidade n, a considerar no apuramento da Compensação no ano t;

Gastos exógenosn,t – são os gastos, diretos, indiretos e comuns, imputados ao Serviço ou Eixo de Mobilidade n, no ano t, não controláveis pela CP, incluindo gastos com investimentos;

GOn,t – são os gastos operacionais, diretos, indiretos e comuns, imputados ao Serviço ou Eixo de Mobilidade n, no ano t, controláveis pela CP;

ΔCKn,t-1,t – é a variação do volume de comboios × km realizados no Serviço ou Eixo de Mobilidade n, entre o ano t-1 e o ano t;

ΔIPCt-1,t – é a variação do Índice de Preços no Consumidor exceto habitação (Continente), publicado pelo INE, entre o ano t-1 e o ano t;

Fator X – é o Fator de Eficiência que assume o valor de 10%.

A fórmula de compensação anteriormente apresentada tem por objetivos: (i) assegurar o equilíbrio operacional da operação objeto de obrigações de serviço público; (ii) incentivar o operador a maximizar a sua receita, ao incidir o lucro razoável sobre a mesma e (iii) promover a eficiência operacional, ao impor uma limitação ao acréscimo do valor de gastos da operação controláveis pela CP, o qual está traduzido no Fator X.

Tendo em conta os gastos considerados como endógenos, o fator de eficiência proposto comporta uma forte pressão para o aumento de eficiência e um acréscimo relevante do risco para a CP, visto:

a) Incluir uma componente de gastos com pessoal, cuja valorização remuneratória não é totalmente controlável pela empresa. Acresce que no cálculo da fórmula de compensação não se consideram indemnizações por rescisões por mútuo acordo;
b) Incluir a manutenção integral do material, i.e., apesar de se excluírem as grandes reparações (investimento), abrange para além da manutenção programada, as intervenções por acidente, avaria ou vandalismo;
c) Existir uma forte pressão para acréscimo dos restantes gastos operacionais, designadamente, de subcontratos objeto de anteriores e sucessivos cortes substanciais.

O custo do capital alheio não é fixo no tempo, mas variável, dependendo não apenas da situação económica e financeira da empresa, bem como da evolução das taxas no mercado financeiro, dos financiadores possíveis e das condições em que também estes se conseguem financiar. Tendo por base o anteriormente exposto, i.e., o risco assumido pela Empresa e o custo médio do capital alheio atual e esperado nos próximos anos, bem como as conclusões do exercício de benchmarking, considerou-se como cenário base para a taxa de lucro razoável os 5%.

4.5. Impacto do contrato de serviço público nas obrigações de transporte – novos parâmetros de qualidade e controlo da cobrança e da fraude

O contrato de transporte ferroviário está tratado em fontes dispersas[114], carecidas de unificação, a saber:

a) COTIF, de 9 de maio de 1980, com as regras uniformes CIV, relativas ao transporte de passageiros e bagagens (apêndice A) e CIM, referentes ao transporte de mercadorias (apêndice B). Uma nova versão da convenção surgiu com o Protocolo de 3 de junho de 1999, aprovado,

[114] Sobre todos, cfr. LACERDA BARATA, C., Contratos de transporte terrestre: formação e conclusão, Revista da Ordem dos Advogados, Lisboa : O.A.. – ISSN 0870-8118. – A. 73, n.º 2-3, abr. – set. 2013, p. 619-668.

em Portugal, pelo Decreto n.º 3/2004, de 25 de março. Relevam, de novo, os apêndices A (regras CIV) e B (regras CIM);

b) Decreto-lei n.º 58/2008, de 26 de março: contrato de transporte ferroviário de passageiros e bagagens, volumes portáteis, animais de companhia, velocípedes e outros bens;
c) Decreto-lei n.º 39.780, de 21 de agosto de 1954: aprovou o RePCF, ainda parcialmente em vigor.

A OTIF é a instituição mais antiga relacionada com o transporte internacional ferroviário[115]. O seu principal objetivo é desenvolver leis e convenções internacionais uniformes para o transporte ferroviário, assim como facilitá-lo. O seu texto legal mais importante é a já referida COTIF, em vigor desde 1999.

Em 2011, a União Europeia (e por tanto todos os seus países membros) entrou na COTIF. Esta permite o uso do transporte multimodal. Os regulamentos mais importantes da OTIF são: (i) COTIF;(ii) CIM; (iii) RID; (iv) Protocolo ferroviário do Luxemburgo.

Quanto aos restantes diplomas, "é de afirmar que — em matéria de transporte ferroviário de passa-

[115] Sobre a COTIF, consultar, entre outros, TAGHIZADEH E., Comparative and analytical review of basis for carrier responsibility of international law with carrier responsibility of railway transport based on the International Carriage by Rail (COTIF) Convention, in Journal of Transportation Research, Spring 2012, p. 29-44.

geiros — valem as normas gerais aplicáveis em sede de formação do contrato, resultando este, em regra, da proposta do operador/transportador, dirigida ao público (oferta ao público) e da aceitação, expressa ou tácita, do utilizador/passageiro"[116].

No entanto, o contrato de serviço público veio consagrar duas áreas de grande relevância:

a) novos parâmetros de qualidade
b) controlo de cobrança e de fraude.

De facto, a definição da oferta e consequentes níveis de serviço têm como base a oferta atual, que corresponde ao binómio procura/disponibilidade de recursos, nomeadamente material circulante.

Todavia, realça-se que é da responsabilidade do GIF a prestação de assistência às PMR no interior das estações até à plataforma de acesso aos comboios, tendo-se constatado uma lacuna na prestação deste serviço nalgumas estações ferroviárias, o que se pode traduzir numa limitação à mobilidade de tais pessoas no modo ferroviário.

O incumprimento dos objetivos de pontualidade, regularidade, facilidade de aquisição de título de transporte nas MVA, validação e controlo de bilhética e limpeza do material circulante, determina a aplicação de penalidades, quando a CP não os cumprir.

[116] LACERDA BARATA, C., Contratos de transporte terrestre: formação e conclusão, Revista da Ordem dos Advogados, Lisboa : O.A.. – ISSN 0870-8118. – A. 73, n.º 2-3 (abr. – set. 2013), p. 619-668.

Estes parâmetros são monitorizados e controlados numa base trimestral e essa monitorização poderá suscitar a formulação de recomendações, que a CP avaliará e implementará nos termos do contrato.

Prevê-se que os indicadores da qualidade do serviço, bem como o regime de penalidades, sejam ajustados, por acordo entre as partes, durante a execução do contrato, nomeadamente em função da execução das intervenções planeadas para a infraestrutura ferroviária e da disponibilidade de novo material circulante.

Cabe ainda referir, no que concerne à qualidade, que a CP iniciou em 2000 a implementação do SGQ. Todas as atividades desenvolvidas estão certificadas no âmbito da qualidade de acordo com a ISO 9001:2015. Deste modo, todos os processos são sujeitos anualmente a uma auditoria interna e externa. As auditorias externas são desenvolvidas por uma entidade externa independente acreditada pela APAC. A certificação vem confirmar que a CP tem políticas, objetivos, processos, metodologias, normas, recursos, competências e sistemas orientados para satisfazer as necessidades dos clientes.

No campo da cobrança e do controlo da fraude, quer o levantamento de autos de notícia por falta de título válido, quer a instauração do processo contraordenacional daí decorrente pela AT[117] não permitem que o operador receba o valor do título de transporte por parte do infrator, nem permitem que o operador

[117] Nos termos do Decreto-Lei n.º 117/2017, de 12 de setembro.

possa antever qualquer ressarcimento através da sua quota parte do produto da coima, dada a reduzida expectativa da execução de penhoras através da AT.

Não obstante a limitação do regime legal acima referida, o combate à fraude constitui um dos vetores prioritários de atuação da CP, dado que permite assegurar a cobrança de receita, por via do pagamento voluntário que por vezes essa deteção proporciona, e melhorar acentuadamente a perceção de segurança por parte dos clientes. Estas medidas são fortemente dissuasoras de atos de natureza antissocial, reforçando o sentimento de segurança dos clientes, permitindo melhorar o nível de receita dos serviços. A distribuição das ocorrências detetadas de fraude, por tipologia de serviço, evidencia a sua esmagadora concentração nos serviços Urbanos/Suburbanos, razão pela qual estas ações se dirigem fundamentalmente às grandes zonas suburbanas de Lisboa e do Porto.

Assim, e tendo em conta o contrato de serviço público celebrado entre o Estado e a CP, podemos concluir o seguinte com impacto especial no direito do transporte ferroviário português:

I) A CP preenche o conceito de OI, face à definição constante da alínea k) do artigo 3.º da Lei n.º 52/2015 de 9 de junho e da alínea j), do artigo 2.º, do Regulamento CE n.º 1370/2007, assim o tendo considerado o Governo no artigo 6º do Decreto-Lei n.º 137–A/2009, de 12 de junho.

II) Conjugando estas normas com o disposto no artigo 9.º da referida Lei n.º 52/2015, de 9 de junho conclui-se que é permitido o ajuste direto face à lei nacional, bem como face ao Regulamento CE n.º 1370/2007, ao abrigo do n.º 2, do art.º 5.º, do referido Regulamento, dado que a CP pode ser e foi qualificada como um "OI", sendo o controlo que o Governo tem sobre a empresa análogo ao que exerce sobre os seus próprios serviços, como é demonstrado pelo disposto no Decreto-Lei n.º 133/2013, de ???.

III) O prazo contratual de dez anos, suscetível de ser prorrogável por mais cinco, justifica-se em função da perspetiva de aquisição de ativos significativos afetos à prestação do serviço, o que é permitido nos termos do n.º 4, do artigo 4.º, do Regulamento UE 1370/2007, caso essa aquisição se verifique.

IV) A autonomia de gestão da CP está condicionada às restrições impostas pelo Regime Empresarial do Estado, o que decorre do novo texto do art.º 3º do Decreto-Lei n.º 137-A/2009, de 12 de junho.

V) No caso de Portugal, e dos serviços prestados pela CP, considerou-se que os serviços de interesse económico geral sujeitos a obrigações de serviço público e objeto de compensação pelo Estado, são os serviços Urbanos/Suburbanos, Regionais e de Longo Curso, com especificidades em função da zona geográfica e trajeto, da respetiva procura e da própria tipologia do serviço, os quais, com exceção dos Urbanos/Suburbanos, são agrupados por Eixos de Mobilidade, descritos no anexo II, pelas razões já aduzidas.

VI) O Contrato de Serviço Público detalha os direitos e obrigações de cada parte e as características do serviço público de transporte ferroviário a prestar, regulando os dados pertinentes elencados no n.º 1 do artigo 21.º da Lei n.º 52/2015, de 9 de junho.

VII) Ressalva-se, todavia, que parte das prestações da CP e a própria satisfação dos clientes estão condicionadas à qualidade da prestação de serviço do GIF, quer no que concerne à disponibilidade e fiabilidade da infraestrutura, quer em todos os serviços que lhe cabe prestar nas estações diretamente aos clientes (iluminação e limpeza das estações, informação ao público, manutenção de escadas rolantes e elevadores, acessibilidades ao comboio a PMR, etc.), o que só é possível com a obrigatória contratualização entre a CP e o GI.

5.
Angola

Renato Guerra de Almeida
Anabela Silva
Miraldina de Carvalho Ribeira

5.1. A reforma do sector ferroviário angolano

Pese embora os constrangimentos que conduziram a uma degradação das condições da rede ferroviária angolana na sequência da independência, nos últimos anos e, em especial, na última década, tem-se assistido a um importante e assinalável esforço tendo em vista a aprovação e implementação de programas de investimento tendo em vista a reabilitação, a renovação e a modernização das principais linhas da rede ferroviária nacional.

A comprovação dessa intenção reformista teve início com o Estudo da Reforma e do Modelo Institucional para o Sector Ferroviário, conforme aprovado pelo Decreto Presidencial n.º 195/10, de 2 de setembro.

Constituíram os eixos centrais desse ambicioso estudo, assim como os objetivos a alcançar, além do mais, os seguintes:

(i) A criação de condições para a modernização tecnológica do transporte ferroviário (infraestruturas e material circulante);
(ii) A criação de condições para uma menor incidência do financiamento público no sector ferroviário (reduzindo a fatura a pagar pelos contribuintes de forma indireta) e introduzir o princípio do «utilizador-pagador», conduzindo a uma transferência de uma parte dessa responsabilidade para o utilizador;
(iii) A criação de condições para a entrada do sector privado, na modalidade de operadores de transporte, no domínio da exploração do transporte ferroviário, quer através da transferência para a esfera de atuação deste por estabelecimento de concessões de transporte, incluindo no modelo de parcerias público-privadas, quer através da privatização do capital das empresas ferroviárias, mantendo-se, porém, a gestão das infraestruturas no controlo ou titularidade do Estado;
(iv) A aprovação de legislação que estabeleça a forma de cálculo e os respetivos montantes a cobrar às empresas de transporte pela utilização da infraestrutura ferroviária (Taxa de Utilização de Infraestruturas/Taxa de Uso);

(v) A definição clara das condições da prestação de «serviço público obrigatório» e as circunstâncias que conduzam a essa imposição, a natureza das respetivas prestações, assim como as regras de fixação dos seus limites (em especial a obrigação de transportar, a obrigação tarifaria e a obrigação de serviços mínimos);
(vi) A definição institucional de um quadro de referência transparente e de conhecimento universal das regras de fixação e do pagamento das indemnizações compensatórias pelo serviço público imposto aos operadores; e
(vii) A harmonização das condições de concorrência entre os diferentes modos de transporte, particularmente em relação ao rodoviário.

Assim e na esteira do referido Estudo da Reforma e do Modelo Institucional para o Sector Ferroviário, o Executivo tem vindo a procurar criar as condições legais e institucionais tendo em vista atingir os objetivos identificados. Deste modo – e com referência à última década apenas –, apontam-se como exemplos a aprovação de um conjunto de diplomas estruturantes, bem como de projetos específicos tendo em vista atingir os objetivos identificados, dos quais se destacam os seguintes:

Diploma	Data	Referência
Decreto Presidencial n.º 309/21	21-12-2021	Aprova a fusão entre o Instituto Nacional dos Transportes Rodoviários – INTR e o Instituto Nacional dos Caminhos-de-Ferro de Angola – INCFA, cria a Agência Nacional dos Transportes Terrestres – ANTT, e aprova o seu Estatuto Orgânico.
Decreto Presidencial n.º 205/21	30-08-2021	Aprova as Bases para a Concessão de Serviços Ferroviários e da Logística de Suporte do Corredor do Lobito.
Decreto Presidencial n.º 216/20	14-08-2020	Aprova o Acordo de Transporte Ferroviário Transfronteiriço entre o Governo da República de Angola e o Governo da República da Namíbia.
Decreto Executivo Conjunto n.º 198/20	07-07-2020	Estabelece as taxas e emolumentos a cobrar pelos serviços prestados pelo Instituto Nacional dos Caminhos-de-Ferro de Angola (INCFA), relativos à prestação de serviços, outorga de direitos, informações ou documentos inerentes à atividade de transporte ferroviário.
Decreto Executivo n.º 189/20	30-06-2020	Autoriza o recomeço das obras públicas consideradas prioritárias e estratégicas, de responsabilidade do Ministério dos Transportes.
Despacho Presidencial n.º 283/16	16-09-2016	Aprova o Contrato-Quadro de Prestação de Serviços para a Aquisição de Material Circulante Ferroviário para a Modernização e Atualização Tecnológica das Locomotivas Existentes no modelo GE-U20C, incluindo as respetivas componentes GE-20C.
Decreto Presidencial n.º 184/16	15-09-2016	Aprova a abertura do crédito adicional para o pagamento das despesas relacionadas com os Projetos de Construção da 2.ª Linha do Ramal Ferroviário Bungo Baía.
Despacho Presidencial n.º 54/15	12-06-2015	Aprova o Contrato-Quadro de Prestação de Serviços com vista à Execução do Projeto de Intervenção relativo à Remodelação, Modernização e Readaptação das Oficinas de Manutenção de Material Circulante Ferroviário localizadas em Luanda, Lobito, Huambo e Lubango.
Despacho n.º 156/15	20-05-2015	Indica um grupo para integrar o Comité Conjunto de Transporte Ferroviário, criado nos termos do Acordo de Transporte Ferroviário Transfronteiriço assinado entre o Executivo da República de Angola e o Governo da República da Zâmbia.
Decreto Executivo n.º 188/15	21-04-2015	Aprova os Modelos de Licença para o Exercício da Atividade de Prestação de Serviços de Transporte Ferroviário (Mod. 7) e o de Requerimento para Emissão de Licença de Acesso à Atividade de Prestação de Serviços de Transporte Ferroviário (Mod. 35).
Decreto Presidencial n.º 203/13	03-12-2013	Aprova o Regulamento sobre as Condições de Prestação dos Serviços de Transporte Ferroviário e de Gestão da Infra-Estrutura Ferroviária.

Despacho Presidencial n.º 108/13	08-11-2013	Aprova o Contrato de Construção da 2.ª via no troço ferroviário Bungo Baia.
Decreto Presidencial n.º 195/10	02-09-2010	Aprova o Estudo da Reforma e do Modelo Institucional para o Sector Ferroviário.
Decreto Presidencial n.º 147/10	20-07-2010	Regula o regime jurídico dos bens do domínio público ferroviário.

Conforme identificado no Plano de Desenvolvimento Nacional 2018-2022, Ponto 7.3, Eixo 3, referente a Infraestruturas Necessárias ao Desenvolvimento, a Estratégia de Desenvolvimento a Longo Prazo para Angola ("ELP Angola 2025") define o Mega-Cluster Transportes e Logística como uma das políticas estratégicas do Sistema Técnico-Económico. Este Mega-Cluster assenta na intermodalidade, apostando fortemente no sector ferroviário através de um sistema de transportes e de uma rede logística integrados e racionalizados, assentes na operacionalidade das atuais linhas férreas, na criação de plataformas intermodais e logísticas e na qualificação das rodovias que interliguem as linhas de caminho de ferro. O relançar da rede de transporte ferroviário, implementando as políticas de reorganização do sector, promovendo a instalação de plataformas logísticas ao longo das linhas férreas, nos principais centros urbanos, visando a desconcentração do desenvolvimento industrial e da distribuição para as províncias, bem como o escoamento da produção agrícola para os centros urbanos, a construção de ramais ferroviários para as grandes indústrias (em associação com o sector privado), a recuperação de complexos mineiros ou de centrais de energia ao longo das vias-férreas existentes ou a criar, a par com a elaboração do projeto da rede prioritária para a ligação das três linhas de caminho de ferro entre si, com o objetivo de criar uma única empresa ferroviária nacional são pois os ambiciosos objetivos que têm vindo a ser anunciados. Espera-se, por isso, um importante desenvolvimento do setor nos próximos anos.

5.2. Enquadramento

Angola tem uma rede ferroviária com cerca de 2.722 km de extensão, que são pertença do Estado, com uma bitola única de 1,067 m ("Bitola Internacional Africana").

Devido à longa paralisação resultante da guerra pela independência e também dos trabalhos de reabilitação e de modernização em curso, a rede em exploração é apenas de 671 km, o que corresponde a 24,6% da sua extensão total, a saber:

1) Rede existente

EMPRESAS	LINHA GERAL (km)	RAMAIS (km)					TOTAL
		DONDO	BENGUELA	CASSINGA NORTE	CASSINGA SUL	CHELA	
CFL	424	55	-				479
CFB	1303	-	33				1336
CFM	756	-	-	17	96	38	907

2) Rede em exploração

EMPRESAS	*TROÇO*	*DISTANCIA*
Caminho de Ferro de Luanda	*Muceques/ Viana*	*14 km*
Caminho de Ferro de Benguela	*Lobito/Benguela* *Lobito/Cubal* *Calenga/ Santa Iria*	*245 km*
Caminho de Ferro de Moçamedes	*Namibe/Matala*	*425 km*

3) Parâmetros técnicos fundamentais

Nº	**PARAMETROS TECNICOS FUNDAMENTAIS**	**ESPECIFICAÇÕES**
1	*Bitola*	*1,067 m com a previsão de alargamento para 1,435 m no futuro*
2	*Gabarit*	*De acordo com as normas da SADC (gabarit estático e cinamético do material circulante em alinhamento reto, em curva, gabarit em obras de arte, gabarit de carga) com a previsão para eletrificação da linha*
3	*Velocidade máxima*	*120 km/h em linha reta, salvo nas curvas em que a velocidade é definida pela norma de exploração.*
4	*Número de vias*	*Única com a previsão de uma outra no futuro (via dupla)*
5	*Raio mínimo de curvatura*	• *800 m* • *500 m nas zonas em que o relevo do terreno o exigir*
6	*Pendente/Rampa*	*Máxima de 8 por mil (8%0) nos dois sentidos, podendo atingir excecionalmente 10%0*
7	*Carris*	*50 kg/m linear obedecendo as normas UIC- ou equivalente*
8	*Travessas*	• *Betão monobloco pré-esforçado,* • *1680 unidades/km nos alinhamentos retos e curvas com raio ≥ a 800 m,* • *1520 unidades /km nas linhas secundárias, ramais e desvios.*
9	*Material de fixação*	• *Elástica de acordo com o tipo de travessa (pandrol),* • *Tirefond para travessas de madeira e metálica*
10	*Balastro sob travessa com granulometria/ calibre de 25 a 50 mm, fuso 16:63mm*	• *0,35 m na linha geral* • *0,25 m nas vias secundárias, ramais e desvios*
11	*Cruzamento e aparelhos de mudanças de via*	*Talonáveis 1:12 ou 1:8 de acordo com o tipo de carril a aplicar e local.*
12	*Plataforma,*	*A ser preparada com a previsão de via dupla no futuro*
13	*Planta e perfis da via*	*A serem apresentados em Escala 1:2000 a 1:1000*
14	*Obra de arte*	• *Comboio de carga: de acordo com as normas vigentes na UIC, BS, e RA* • *Tabuleiro: betão pré-esforçado,* • *Pilares e encontros: betão armado,* • *Escala para peças desenhadas 1:5000 a 1:10.000*
15	*Peso por eixo*	• *22 toneladas para a via,* • *22 toneladas nas pontes e aquedutos.*

16	*Telecomunicações*	*Suporte em fibra ótica ao longo da linha geral: transmissão de dados, voz e vídeo*
17	*Sinalização*	• *Prevê-se o sistema de encravamento e gestão semiautomática e centralizada das operações (sinalização semiautomática e luminosa para as circulações), mas deverá ainda ser harmonizada com o sistema existente nos caminhos de ferro dos países vizinhos a interligar.*

A atividade ferroviária na República de Angola é realizada pelas empresas do ramo (caminho de ferro de Luanda – CFL, Caminho de ferro de Benguela – CFB, caminho de ferro de Mossâmedes – CFM), sob a orientação do Ministério dos Transportes, através do INCFA, órgão encarregue de regular, dirigir e controlar as atividades e o desenvolvimento dos caminhos de ferro, compreendendo o exercício da autoridade e da tutela técnica sobre as entidades ligadas ao ramo.

As empresas do CFL e do CFM, construíram-se em UEE, no ano de 1980, por despacho conjunto dos Ministérios do Plano, Transportes e Comunicações e das Finanças, publicado no Diário da República de 27 de março de 1980.

Neste momento, as três empresas do ramo estão constituídas em empresas públicas.

A rede ferroviária[118] é extremamente importante como meio para chegar ao interior do país, tendo em conta que as cidades e as zonas do interior têm ficado de fora dos desenvolvimentos que têm tido lugar nas zonas costeiras durante muitos anos. Sectores como agricultura e mineiro, que estão centralizados nas zonas do interior de Angola, irão com certeza bene-

[118] De acordo com dados da Eaglestone, disponíveis em https://www.eaglestone.eu/xms/files/Angola_Infrastructure_Dezembro2020_PT.pdf.

ficiar de um sistema ferroviário operacional. O transporte de importações (como equipamento e bens) para o interior também será mais facilitado.

Os últimos dados disponíveis mostram que os três caminhos-de-ferro transportaram um total de pouco mais de um milhão de passageiros no primeiro semestre deste ano, enquanto que a carga transportada ficou pouco abaixo das 140 mil toneladas. O CFL transportou 45% do total de passageiros, com o CFB e o CFM a transportarem 33,9% e 21,1% do total, respetivamente. Em termos de carga, o CFM foi o que claramente transportou mais carga nos últimos anos (55,6% no primeiro semestre de 2020) e a carga transportada pelo CFL foi de 6,2% do total.

Figura 3 – Passageiros e carga ferroviária em Angola[119]

PASSAGEIROS E CARGA	2015	2016	2017	2018	2019	1S 2020	% do Total 2015	2016	2017	2018	2019	1S 2020
Passageiros Transportados												
Caminho de Ferro de Luanda	3,471,106	2,802,597	1,459,833	1,431,563	1,660,901	489,236	80.7%	62.8%	47.5%	36.5%	40.5%	45.0%
Caminho de Ferro de Benguela	468,557	692,643	561,047	1,166,473	982,534	368,045	10.9%	15.5%	18.3%	29.8%	24.1%	33.9%
Caminho de Ferro de Moçâmedes	358,330	967,620	1,052,619	1,321,443	1,455,306	229,295	8.3%	21.7%	34.3%	33.7%	35.5%	21.1%
Total	4,298,993	4,462,820	3,073,699	3,919,499	4,103,812	1,086,576	100.0%	100.0%	100.0%	100.0%	100.0%	100.0%
Carga Transportada (Toneladas)												
Caminho de Ferro de Luanda	76,448	25,712	60,944	63,785	19,328	8,649	46.7%	23.4%	31.7%	17.6%	6.4%	6.2%
Caminho de Ferro de Benguela	29,225	23,802	30,708	98,066	124,976	53,358	17.9%	21.7%	16.0%	27.1%	41.3%	38.2%
Caminho de Ferro de Moçâmedes	54,447	60,375	100,478	200,167	158,028	77,676	33.4%	54.9%	52.3%	55.3%	52.3%	55.6%
Total	163,120	109,889	192,130	362,016	302,291	139,683	100.0%	100.0%	100.0%	100.0%	100.0%	100.0%

Fonte: Autoridades Angolanas

5.3. Gestão da infraestrutura e operador

Com a missão de supervisionar, regulamentar e inspecionar as atividades dos caminhos-de-ferro, a criação do INCFA e da DNTR obrigou à extinção da Direção Nacional dos Transportes Terrestres.

[119] De acordo com dados da Eaglestone, disponíveis em https://www.eaglestone.eu/xms/files/Angola_Infrastructure_Dezembro2020_PT.pdf.

O surgimento do INCFA em 2015 veio igualmente marcar e reiterar o compromisso do Executivo na implementação da reforma institucional dos caminhos-de-ferro em Angola, tendo esta entidade por objeto a supervisão, regulamentação e inspeção das atividades dos caminhos-de-ferro, assim como a implementação das medidas tendo em vista o seu desenvolvimento.

Importa, neste ponto, realçar a recentíssima aprovação do Decreto Presidencial n.º 309/21, de 21 de Dezembro, por intermédio do qual foi aprovada a fusão entre o Instituto Nacional dos Transportes Rodoviários – INTR e o Instituto Nacional dos Caminhos-de-Ferro de Angola – INCFA, resultando do mesmo a criação da Agência Nacional dos Transportes Terrestres – ANTT. O regulador dos transportes terrestres evolui assim para um modelo institucional que integra as sinergias modais das ferrovias e rodovias, assegurando a coordenação e complementaridade destas atividades de transporte terrestre. Conforme resulta dos estatutos da ANTT, esta entidade tem por missão regular, fiscalizar, licenciar e apoiar o órgão de superintendência – atualmente o Ministério dos Transportes – nos aspetos de coordenação e planeamento referentes ao sector dos transportes terrestres.

Os projetos de alta capacidade associados ao serviço de transporte público regular permitirão adequar a oferta de um leque de serviços especializado e, paralelamente, apostar na intervenção do sector privado como elemento infraestruturas necessárias.

A prioridade da, agora ANTT, antigo INCFA, é igualmente implementar a regulação necessária para promover a inclusão dos transportes vitais para a população em geral e que hoje fazem parte da economia informal.

Outro projeto importante é o TTTFP, que representa uma resposta objetiva à adesão de Angola às SADC-COMESA-EAC.

No campo ferroviário, e tomando o esforço atual do quadro do processo de reabilitação e modernização dos caminhos de ferro de Angola, na sua consolidação e expansão dever-se-á caminhar para atingir os padrões internacionais de segurança.

Este alinhamento internacional perseguido pelo Executivo visa, entre outros:

- O estabelecimento de um sistema ferroviário mais competitivo e mais seguro que possa abranger toda a área do mercado interno, dos países vizinhos e da região, passando pela criação de uma entidade responsável pela supervisão da segurança, entregues nos países da SADC; e
- A harmonização e o estabelecimento de Indicadores Comuns aos OCS, e a facilitação do acompanhamento do desempenho da segurança ferroviária.

Ao longo dos anos, a ferrovia em Angola desenvolveu-se por intermédio de administrações ferroviárias nacionais e de âmbito local (CFL-EP; CFB-EP e CFM-EP), OF e GI, todas estas chamadas a desempenhar um papel fulcral na garantia da segurança operacional.

No âmbito ferroviário, o objetivo do Estado Angolano é o de desenvolver o transporte ferroviário urbano, suburbano e de longo curso, oferecendo condições que promovam a concorrência intra e intermodal. Para esse efeito, estes são alguns dos projetos que, neste momento, congregam investimento público angolano:

- Construção do Monorail, em Luanda;
- Ampliação do Complexo Aeroportuário de Cabinda;
- Construção da Estação de Viana – CFL;
- Construção da Estação do Baia – CFL;
- Construção da Estação do Kapalanga – CFL;
- Construção da Estação dos Musseques – CFL;
- Construção das Infraestruturas Integradas para o Desenvolvimento da Baia do Namibe;
- Construção de 4 passagens superiores no CFL troço Bungo Baia em Luanda;
- Construção do Novo Porto Caio em Cabinda;
- Construção do Terminal de Cabotagem de Cabinda;
- Construção Ramal Ferroviário de ligação Baia Nail;

Neste sentido, estabeleceu-se como meta ambiciosa, até 2022, que pelo menos 3 milhões de passageiros serão movimentados anualmente nas 5 estações multiusos a serem construídas.

O Governo de Angola pretende construir uma linha de caminho-de-ferro que estabeleça a ligação entre as três ferrovias atualmente existentes, criando assim uma rede ferroviária nacional, revelou o Ministro dos Transportes do país.

5.4. Modelo aplicável

O regime relativo à exploração das infraestruturas da rede ferroviária angolana encontra-se sediado no Decreto-Presidencial n.º 194/13, de 20 de novembro: o diploma compreende as "Bases Gerais das Concessões de Exploração dos Serviços de Transportes Ferroviários de Passageiros e de Mercadorias".

À semelhança do regime português, a exploração deste tipo de transporte pode ser efetuada ao abrigo de dois modos distintos, a saber: (i) subdelegação de competências – é o que sucede, atualmente, com a delegação de poderes para a gestão das infraestruturas da rede ferroviária pela República de Angola nos CFL, CFB e CFM – ou mediante um contrato de concessão (n.º 1 do artigo 1.º).

No que respeita à concessão, cumpre assinalar que, no plano subjetivo, serão, respetivamente concedente e concessionário (i) o Estado, representado pelo INCFA – agora ANTT – (n.º 1 do artigo 2.º) e qualquer entidade de natureza pública ou privada que seja constituída e registada de acordo com a legislação angolana e cuja atividade de transportadora ferroviária esteja licenciada (n.º 1 do artigo 3.º).

Já no que concerne ao elemento objetivo, o n.º 1 do artigo 6.º, determina que as concessões terão por objeto a exploração "dos serviços de transporte ferroviário de passageiros e de mercadorias nas linhas férreas dos corredores Luanda/Malange, Lobito/Benguela/Luau e Namibe/Menongue.

6.
Moçambique

Paulo Pimenta
Suheil Salem

6.1. Enquadramento

Como nota preliminar, é importante referir que a infraestrutura ferroviária em Moçambique esteve sempre indissociavelmente ligada à portuária, uma vez que os caminhos de ferro de Moçambique têm sido utilizados sobretudo para transportar mercadoria – e não passageiros –, permitindo escoar os produtos e mercadorias provenientes dos países vizinhos da região sem acesso ao mar (denominados *land-locked countries*). A economia moçambicana é, pois, essencialmente de trânsito, representando o sistema ferro-portuário uma parte significativa da receita do Estado.

O modelo de gestão das linhas férreas em Moçambique sofreu profundas alterações ao longo do tempo.

Aquando da independência, em 1975, a infraestrutura ferro-portuária era gerida diretamente pelo Estado moçambicano através da Direção Nacional dos Portos e Caminhos de Ferro de Moçambique.

A guerra civil moçambicana (1977-1992) e os conflitos na região da África austral na altura – a luta contra o regime do apartheid sul-africano e a independência da Rodésia do Sul (hoje Zimbabué) – tiveram um impacto negativo no sector ferroviário em Moçambique, tendo levado à destruição de boa parte das linhas férreas até então construídas.

A crise económica profunda que o País enfrentou na altura forçou o Estado a reestruturar o sector dos transportes e a proceder à desestatização da economia. No âmbito desse esforço, foi criada a Empresa Nacional de Portos e Caminhos de Ferro, E.E., tendo, em 1994, sido transformada numa empresa pública designada Portos e Caminhos de Ferro de Moçambique (CFM), com o intuito de envolver progressivamente o sector privado na gestão da infraestrutura ferro-portuária. Este envolvimento tem sido feito através do regime da concessão e da participação dos CFM no capital social das concessionárias que gerem as linhas férreas.

Em Moçambique, os corredores ferroviários integram os denominados "corredores de desenvolvimento", que compreendem um conjunto de infraestruturas de transporte – estradas, caminhos de ferro, e portos – permitindo que os países encravados no interior da região tenham acesso facilitado aos portos da costa moçambicana para escoarem os seus produtos. Estes corredores de desenvolvimento desempenham, portanto, um papel estratégico e surgem a partir de três portos do país: Maputo, Beira e Nacala.

O corredor de desenvolvimento de Maputo compreende:

- O porto de Maputo, com uma capacidade de 14 milhões de toneladas por ano, dotado de infraestruturas e de equipamentos para a manutenção de contentores; dispõe de instalações especiais para o acondicionamento do petróleo;
- Três redes ferroviárias ligando Maputo ao Zimbabué (520 km), à África do Sul (88 km) e à Suazilândia (74 km);
- Duas estradas principais ligando Maputo ao Zimbabué e à África do Sul; esta última, aberta em março de 2000, é a autoestrada Maputo-Witbank, a primeira estrada com portagem em Moçambique.

Este corredor tem três linhas férreas, a saber:

- A Linha do Limpopo ou de Chicualacuala, que liga o porto de Maputo ao Zimbabué e tem uma extensão de 520 km, possuindo 12 estações e 19 apeadeiros;
- A Linha de Ressano Garcia, a qual liga o porto de Maputo à África do Sul, numa extensão de 88 km;

- A Linha de Goba, com um ramal que dá acesso às minas de calcário de Salamanga e que liga o porto de Maputo à vizinha África do Sul.

O corredor de desenvolvimento da Beira compreende:

- O porto da Beira, com uma capacidade anual de 7,5 milhões de toneladas;
- O oleoduto Beira-Machipanda (Zimbabué), com 318 km;
- Duas linhas férreas para o Zimbabué e para a fronteira com o Malawi (linha de Sena);
- Duas estradas principais para a província de Tete e para o Zimbabué.

Este corredor tem duas principais linhas férreas, a saber:

- A linha de Machipanda, que liga o porto da Beira ao Zimbabué e que tem uma extensão de 318 km, existindo ao longo dela 14 estações e 29 apeadeiros;
- A Linha de Sena, que nasce na estação de Dondo e cruza o rio Zambeze, através da ponte D. Ana.

O corredor de desenvolvimento de Nacala compreende:

- O porto de Nacala e
- A linha férrea para o Malawi.

Este corredor tem duas principais linhas férreas, a saber:

- A linha de Nacala, a qual tem 610 km e liga o porto de Nacala ao vizinho Malawi, constituindo, pela sua extensão, a maior linha ferroviária do país; e
- A linha de Lichinga, com uma extensão de 262 km e, a partir da estação de Cuamba, sobe continuamente até à cidade de Lichinga, situada a 1 560 m de altitude.

As linhas de Nacala e de Lichinga estão interligadas através da linha ferroviária de Cuamba, situado a 533 km da cidade de Nacala.

A nível da região da SADC, não existem corredores internacionais que façam a interligação entre as diversas linhas ferroviárias dos diversos países que integram a região. Todavia, nos corredores nacionais anteriormente caracterizados – Maputo, Beira e Nacala – existem linhas internacionais. Por exemplo, as três linhas do corredor de Maputo interligam Moçambique, Zimbabué e Africa do Sul. No que respeita ao corredor da Beira, a linha de Machipanda liga o porto da Beira ao Zimbabué; por último, no que toca ao corredor de Nacala, a linha de Nacala liga o porto de Nacala ao Malawi.

Poucos são os elementos de conexão existentes entre a ferrovia moçambicana e a portuguesa. A vocação da ferrovia moçambicana para o transporte de carga, a extensão do território moçambicano quando comparado com o português, o subdesenvolvimento do País em termos económicos e sociais e o nível de pobreza existente permitem facilmente corroborar esse facto notório.

Em matéria de investimento, desde o tempo colonial até aos dias de hoje o investimento na ferrovia moçambicana tem sido feito, sobretudo, com recurso a capitais estrangeiros. Antes da independência, em 1975, as linhas férreas existentes no centro e no norte de Moçambique foram construídas pela Companhia de Moçambique e do Niassa, respetivamente – às quais foram concessionadas boa parte das áreas centro e norte do País. Estas companhias eram de natureza privada e de capital estrangeiro, nomeadamente britânico e francês, sendo também designadas por Companhias Majestáticas.

Na década de 1950, o governo colonial português aprovou os denominados Planos de Fomento, cujo propósito principal era o investimento nas infraestruturas nas colónias, incluindo Moçambique. O investimento neste País foi canalizado sobretudo para o sector dos transportes, com particular destaque para os caminhos de ferro, portos e rodovias.

Em 1975 – aquando da independência – Moçambique tinha já uma infraestrutura ferroviária bem estabelecida colocando, por isso, o País numa posição de vantagem na região da áfrica austral, permitindo o acesso ao mar dos países vizinhos da região e, por tal via, gerando receitas significativas, através da cobrança de tarifas ferro-portuárias.

O cenário alterou-se drasticamente depois da independência. O governo moçambicano de então – de pendor marxista-leninista – nacionalizou todos os meios de produção existentes na altura e fechou-se às dinâmicas comerciais internacionais. Em acréscimo a esse isolamento, juntaram-se os conflitos políticos e armados na região e a sangrenta guerra civil que durou aproximadamente 16 anos. Estes eventos tiveram, naturalmente, um profundo impacto no sector dos transportes, tendo levado à destruição de boa parte da infraestrutura ferroviária. O País enfrentava uma profunda crise e necessitava de uma nova visão política e económica para poder dar resposta aos desafios que se colocavam, de tal maneira que teve que recorrer a ajuda estrangeira – através de fundos disponibilizados pelo FMI e pelo Banco Mundial – tendo aumentado exponencialmente a sua dívida externa.

Na década de 70, o Banco Mundial – no seguimento do relatório Berg, que versava as razões da deterioração dos indicadores económicos e sociais do continente africano e as políticas para reverter essa situação – decidiu levar a cabo o PAE, que compreendia projetos de investimento em diversos países africanos, incluindo Moçambique. No total, foram 5 projetos de investimento do Banco Mundial no sector dos transportes em Moçambique, sendo o mais relevante o "Projeto de Reestruturação de Ferrovias e Portos" aprovado em 1999.

As recomendações e políticas do Banco Mundial para Moçambique eram no sentido de o Estado moçambicano permitir envolver gradualmente o sector privado na reabilitação das infraestruturas ferro-portuárias. Foi nesta altura, aliás, que, em 1995, o governo moçambicano decidiu transformar a Empresa Nacional de Portos e Caminhos de Ferro de Moçambique, E.E. em empresa pública, passando a ser denominada por Portos e Caminhos de Ferro de Moçambique, E.P. Refere-se no preâmbulo do decreto que aprova a referida transformação que "... para o efeito, a nova empresa abrirá espaços para intervenção de operadores do sector público e privado de reconhecida competência e idoneidade que possam assegurar a prestação de serviço que viabilizem o desenvolvimento do sector, do país e da região e promover a integração regional".

Após a assinatura do acordo de paz, em 1992, começou uma nova fase, de esperança e de luz verde ao investimento estrangeiro. Até aos dias hoje, o investimento na infraestrutura ferroviária tem sido feito por empresas estrangeiras em regime de concessão, tendo a CFM interesses participativos em várias dessas empresas concessionárias. Esses investimentos são feitos com recurso a empréstimos bancários ("*project finance*").

Mais recentemente[120], o início de 2020 foi marcado pela tendência crescente do preço destas, motivado pelas condições climáticas adversas na China,

[120] Fonte: https://www.cfm.co.mz/index.php/pt/documentos-e-media/informacao-estatistica-anual/57-caderno-de-estatisticas-do-cfm-2020/file.

Brasil e Austrália. Resumidamente, destacam-se (i) a ocorrência e prevalência da pandemia da COVID-19, determinou o abrandamento económico mundial, ditando em grande medida o comportamento dos preços das principais commodities no ano de 2020, mantendo sempre a volatilidade ao longo do ano e a tensão política entre a China e a Austrália traduzida pelo agravamento das restrições impostas pela China à importação das commodities provenientes da Austrália, afetou negativamente os preços de alguns minérios com destaque para o carvão Metalúrgico.

A contínua crise económica no Zimbabwe, caracterizada pela escassez de moeda estrangeira, altas taxas de inflação e câmbio, afetou as importações e exportações, com grande impacto nos sistemas ferro-portuários (centro e sul).

Contudo, no final de 2020 verificou-se uma recuperação nos preços de algumas commodities, impulsionado pela construção massiva de infraestruturas, com impacto direto na indústria siderúrgica na China.

6.2. Gestão da infraestrutura e operador

O sistema ferroviário está intrinsecamente ligado com os portos e é composto por um total de 2.983 km de linhas com uma bitola de 1,067 mm. A única exceção é a ferrovia de Gaza, que tem uma linha de 140 km de bitola de 0,762mm. A nível nacional, a ferrovia segue as regras de segurança nos termos da norma NM 53:2007 certificada pelo INNOQ.

Em termos de segurança na ferrovia são também aplicadas as normas usuais de construção mecânica, referentes à utilização de materiais, fixação e soldadura, tais como a ASTM, a ASME e a SAE. Estas regras aplicam-se à produção/construção dos diversos componentes mecânicos de um modo geral. Estão ainda em vigor, para este Estado, duas normas internacionais específicas para a ferrovia, nomeadamente a norma UIC (Union International des Chamins de Fer[121]) e a AAR (Association of American Railroads[122]), para garantir a satisfação dos utentes, isto é, o conforto e a segurança nos transportes ferroviários.

Na década 90 do século passado, o Governo de Moçambique tomou a decisão política de iniciar o processo de participação do setor privado na gestão dos portos em Moçambique. O país tinha uma necessidade profunda de melhorar a sua infraestrutura ferro portuária que estava num estado de profunda debilidade.

Tendo por base os corredores de desenvolvimento da Beira, Maputo e Nacala, entre 1998 e 2005, são objeto de concessão os portos da Beira, Maputo e Nacala, este último um projeto transnacional. Estava encontrada, na visão do Governo, a solução que permitia a Moçambique melhorar a sua infraestrutura portuária, captar mercadorias e linhas de navegação

121 Cfr. https://uic.org/.

122 Cfr. https://www.aar.org/.

para estes três portos que servem os países da África do Sul, Suazilândia e Zimbabwe (Porto de Maputo), Zimbabué, Malawi, Zâmbia e Congo (Beira) e Malawi, Zâmbia e Tete em Moçambique (Nacala).

A empresa CFM sempre fez parte das sociedades concessionárias gestoras destes portos, o que permitiu que parte dos seus trabalhadores pudessem ser transferidos para estas novas entidades fazendo com que o processo de desenvolvimento profissional do seu pessoal nunca fosse objeto de rutura.

Nos anos que se seguiram, para além do esforço efetuado por estes operadores, Moçambique passou a contar com uma nova realidade bem mais promissora, a exploração de recursos naturais: carvão, areias pesadas, outros minérios e gás.

Esta nova realidade, aliada ao tempo de aprendizagem que, entretanto, a CFM absorveu com os seus parceiros, permitiu à empresa reforçar a sua capacidade financeira, organizacional e operacional e olhar para o futuro com outra perspetiva: voltar a ser a referência do sector portuário em Moçambique.

Neste momento a CFM gere em exclusivo os portos de Quelimane, Nacala (concessão não renovada em 2020) e Pemba e acaba de readquirir as suas competências no norte de Moçambique.

Se aliarmos ao acima descrito, o monopólio da atividade ferroviária no país que a empresa detém, podemos perceber o nível de necessidade de equipamentos e serviços que a empresa irá sentir nos próximos anos, na construção e melhoramento das suas infraestruturas assim como na manutenção das suas operações ferro portuárias.

6.3. Modelo aplicável

A forma típica de exploração das infraestruturas da rede ferroviária moçambicana é a concessão.

A CFM realiza um serviço interurbano de passageiros ligando a Cidade de Maputo à Matola-Gare e a Marracuene, garantindo assim a circulação de milhares de pessoas, na zona sul. Há ainda comboios que circulam entre a cidade da Beira e a Vila de Moatize e entre a cidade da Beira e a Vila fronteiriça de Machipanda, na zona centro. No norte o transporte de passageiros é assegurado pela concessionária CDN.

As concessionárias que atualmente operam as linhas férreas para o transporte de mercadorias em Moçambique são as seguintes:

a) CDN, que opera a Rede Ferroviária do Norte;
b) CFM e a Sociedade ENRC Moçambique, que operam a linha ferroviária entre Chiúta, na Província de Tete, e Nacala-a-Velha;
c) VALE, S.A., que opera a rede ferroviária das Linhas Moatize – Malawi e do ramal ferroviário de Nacala-à-Velha;
d) Sociedade Corredor Logístico Integrado de Nacala, S.A – opera as linhas ferroviárias de-Moatize – Malawi (Chinheche) e do ramal ferroviário entre Mussoril e Nacala-a-Velha;

e) VALE, S.A., a qual opera as linhas ferroviárias Moatize – Malawi, na Província de Tete e o ramal ferroviário de Nacala-a-Velha, entre Matibane e a Ponta Namuaxi, em Nacala-a--Velha;
f) Thai Moçambique Logística, S.A., que opera as linhas Ferroviárias de Macuse, na província da Zambézia, à Chitima (na bacia carbonífera de Moatize);
g) Thai Moçambique Logística S.A. – opera as linhas Ferroviárias de Moatize à Macuse;
h) Sociedade Concessionária Ressano Garcia Railway, S.A., que opera a linha Férrea de Ressano Garcia.

A CFM, empresa pública cujo objeto é o transporte ferroviário, realiza o transporte ferroviário de passageiros de longo curso e interurbano, ao nível da zona sul e centro. A outra entidade que realiza o transporte de passageiros no País é a CDN, que o faz ao abrigo do respetivo contrato de concessão celebrado com o Governo, que se centra, porém, no transporte de mercadorias nas linhas férreas do norte.

Figura 4 – Evolução do transporte de passageiros entre 2016 e 2020[123]

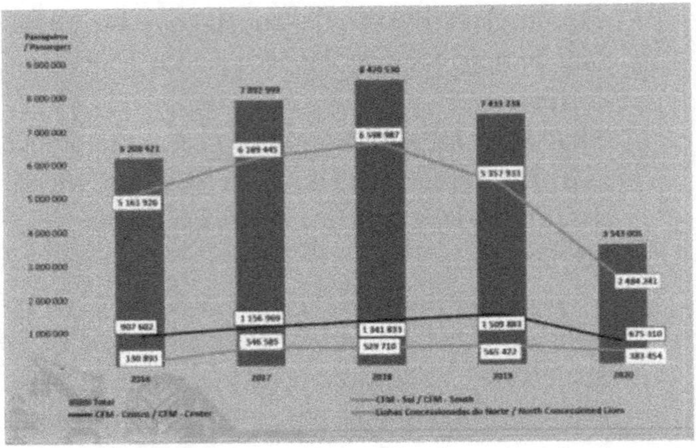

Em termos de transporte de mercadorias, este é efetuado somente por entidades privadas, em regime de concessão. Os operadores de transporte de mercadoria têm vários poderes ao abrigo dos respetivos contratos de concessão, incluindo poderes públicos de autoridade ferroviária, a saber:

- Estabelecer o regime tarifário a aplicar na prestação dos serviços ferroviários de transporte de carga e de passageiros, em conformidade com os princípios definidos pela autoridade reguladora competente;

[123] Fonte: https://www.cfm.co.mz/index.php/pt/documentos-e-media/informacao-estatistica-anual/57-caderno-de-estatisticas-do-cfm-2020/file.

- Estabelecer as tarifas a aplicar nas relações comerciais com os operadores dos serviços portuários e ferroviários;
- Estabelecer, aplicar e cobrar multas em casos de incumprimento dos regulamentos aplicáveis na componente de prestação de serviços ferroviários;
- Zelar pelo cumprimento dos regulamentos aplicáveis, previamente aprovados pela competente autoridade reguladora, sem prejuízo dos poderes atribuídos a outras entidades;
- Garantir a segurança das circulações ferroviárias na rede sob sua concessão;
- Coordenar com as autoridades relevantes com vista a assegurar que o ordenamento territorial na área sob sua concessão bem como o ordenamento coercivo de quaisquer obstáculos ou bens que ponham em perigo a segurança das circulações ferroviárias, seja observado;
- Constituir servidões de interesse público por motivo de necessidade de utilização de terrenos objeto do direito de uso e aproveitamento da terra, de acordo com os planos de desenvolvimento acordados com o concedente ferroviário.

Figura 5 – Evolução do transporte de carga entre 2016 e 2020[124]

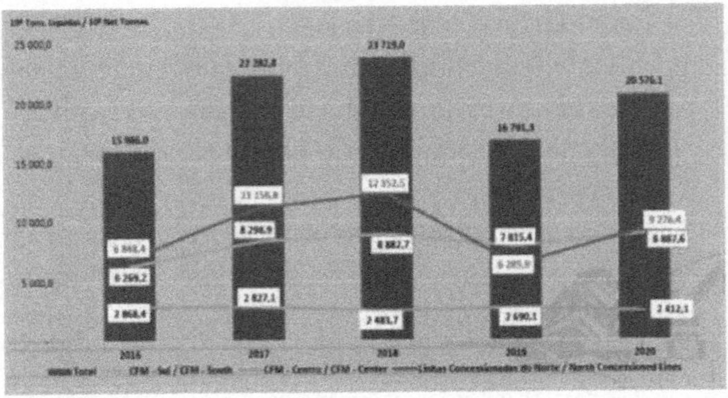

[124] Fonte: https://www.cfm.co.mz/index.php/pt/documentos-e-media/informacao-estatistica-anual/57-caderno-de-estatisticas-do-cfm-2020/file.

Mapa 1 – Rede ferroviária portuguesa[125]

[125] Fonte: https://www.infraestruturasdeportugal.pt/infraestruturas/rede-ferroviaria.

Mapa 2 – Rede ferroviária angolana[126]

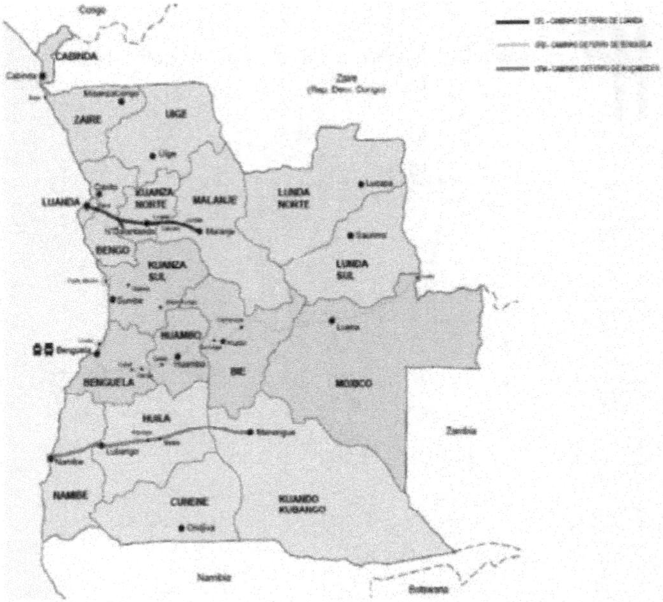

[126] Fonte: https://www.eaglestone.eu/xms/files/Angola_Infrastructure_Dezembro2020_PT.pdf.

Mapa 3 – Rede ferroviária moçambicana[127]

[127] Fonte: https://commons.wikimedia.org/wiki/File:Mapa_do_sistema_ferrovi%C3%A1rio_de_Mo%C3%A7ambique.svg.

BIBLIOGRAFIA GERAL

ALEGRIA, Maria Fernanda. Política ferroviária do fontismo: aspectos da construção e do financiamento da rede. Revista de História Económica e Social, Lisboa, n. 23, p. 43-64, 1988.

AMARAL, Diogo Freitas do, Curso de Direito Administrativo, Vol. II, 4.ª Edição, Almedina, 2020.

AREZ, João Baptista de Almeida. Relatório entregue ao Ministério da Marinha e Ultramar. Caminhos Ferro, Luanda, Memória da construção do caminho de ferro de Luanda. Maço 497 1F. 5 março 1911.

Autoridade da Mobilidade e Transportes, Ecossistema ferroviário português 2012-2016, disponível em https://www.amt-autoridade.pt/media/1645/relatorio-ecossistema-ferroviario-portugu%C3%AAs_2012_2016.pdf.

COSTEIRA DA ROCHA, F., O contrato de transporte de mercadorias / Contributo para o estudo da posição jurídica do destinatário no contrato de transporte de mercadorias (2000).

Boletim da C.P n.º 328, outubro-1956, ano 28.

COSTA, Henrique César da Silva Barahona e. O problema das obras públicas nas suas relações com o progresso e desenvolvimento dos nossos domínios africanos. Boletim da Sociedade de Geographia de Lisboa, Lisboa, n. 4-6, p. 429-458, 1901.

FARINHA, Luís Miguel Pereira, in A gestão das infraestruturas dos transportes terrestres, disponível na Revista Eletrónica de

Direito Público, a qual pode ser consultada aqui: https://www.e-publica.pt/volumes/v5n1a07.html.

Gazeta dos Caminhos de Ferro n.º 1173 (1 de novembro de 1936).

Gazeta dos Caminhos de Ferro n.º 1561 (1 de janeiro de 1953).

Gazeta dos Caminhos de Ferro n.º 1561 (1 de janeiro de 1953).

MACEDO, Marta Coelho de. Projectar e construir a nação: engenheiros e território em Portugal. Lisboa: Imprensa de Ciências Sociais, 2012.

NAVARRO, Bruno J. Um império projectado pelo «silvo da locomotiva»: o papel da engenharia portuguesa na apropriação do espaço colonial africano Angola e Moçambique (1869-1930). Lisboa: Colibri, 2018.

PEREIRA, HUGO SILVEIRA, Quando Portugal acreditou no progresso: a ferrovia nacional na década de 1880, disponível em http://dx.doi.org/10.14195/2182-7974_31_2_4.

- "Sá da Bandeira e a ameaça dos caminhos de ferro", Revista Militar, n.º 2530 – Novembro de 2012, disponível em https://www.revistamilitar.pt/artigo/770

- "Quando Portugal acreditou no progresso: a ferrovia nacional na década de 1880", Boletim do Arquivo da Universidade de Coimbra, Vol. 31, Nº 2 (2018), p. 108.

- "Caminhos de ferro portugueses na década de 1890: entre crença no progresso e pessimismo tecnológico", Revista Portuguesa de História 50 (2019), pp. 111-112.

- "Portais de globalização: portos e caminhos de ferro no contexto colonial português (c. 1870 – c. 1910)", 2018, Revista Portuguesa de História, n.º 49 (2018), p. 257.

- " Cultura material, progresso, civilização e identidade nacional: Os caminhos de ferro coloniais em Angola e Moçambique (c. 1870 – c. 1915)", Tempo e Argumento, Florianópolis, v. 11, n. 27, maio/ago. 2019,

- "O caminho de ferro da Beira em Moçambique (1890-1914): entre antagonismo tecnodiplomático e simbiose económica", Análise Social, liv (4.º), 2019 (n.º 233), p.696

Münchener Kommentar ao HGB, Transportrecht (1997), em 2205 pp. maciças, org. JÜRGEN BASEDOW e com a colaboração de ANDREAS BLASCHCZOK, PETER BYDLINSKI, ROLAND

DUBISCHAR, FRITZ FRANTZIOCH, WOLF GOETTE, HERBERT KRONKE, GERFRIED MUTZ e EDGAR RUHWEDEL, actualizado no vol. VIIa (2000), em 330 pp., apud Menezes Cordeiro, A., introdução ao Direito dos Transportes, ROA 68/I, 2008, cit., 139 e Direito Comercial, 3.ª ed., cit., 787

MIRANDA, João [et. al.] – Comentário ao Regime Jurídico do Património Imobiliário Público: Domínio público e domínio privado da administração, Almedina, Coimbra, 2017,

NETO, António Gomes de Jesus, Entre trilhos e rodas: fluidez territorial e os sentidos da circulação de mercadorias em Moçambique, 2016, Universidade de São Paulo.

OLIVEIRA MARTINS, Guilherme Waldemar, "Direito dos transportes ferroviários em Portugal à luz do novo contrato de serviço público"; Temas de Direito dos Transportes V, 2020, Coimbra: Almedina, págs. 329 – 360.

SANDE LEMOS, Francisco, Angola – Portos e Caminhos de Ferro – Exposição Colonial Portuguesa 1934, Imprensa Nacional Luanda, p. 4.

VAN DER VLEUTEN, Erik; ANASTASIADOU, Irena; LAGENDIJK, Vincent; SCHIPPER, Frank. Europe's system builders: the contested shaping of transnational road, electricity and rail networks. Contemporary European History, Cambridge, MA, vol. 16, n. 3, 321-347, Outono 2007.

VAN DER VLEUTEN, Erik. Understanding network societies: two decades of large technical system Studies. In: VAN DER VLEUTEN, Erik; KAIJSER, Arne. Networking Europe: transnational infrastructures and the shaping of Europe, 1850-2000. Sagamore Beach, MA: Science History Publications, 2006, p. 279-314.